園長さんいつもにこにこしてますか

利用者のその声に支えられて、
障害者福祉の明日をひらく

古川英希

Parade Books

まえがき

表紙の写真は私が勤めるさつき園（あとがき参照）から、遥か本土（山口県柳井市）側を見渡した眺望です。

さつき園は青い空と海と白い雲、緑豊かな山と田と、そして流れる川と、春は堤の満開の桜に囲まれる、四季の風が色とりどりに伸びやかに吹き渡る地にあります。すぐお隣りには中学校（周防大島町立大島中学校）も並び、障害者福祉施設の立地環境としては申し分ないものと、わたしは独り密かに自負しています。

そんなさつき園に、皆様ぜひ一度お出かけください。利用者・保護者・職員一同で大歓迎いたします。

どうぞ皆様、山口県周防大島へ、さつき園へ、おいでませ!!

目次

平成二一年度

平成二二年度

平成二三年度

平成二四年度

平成二五年度　265

平成二六年度　305

平成一七年度

七月一五日（金）　自己選択・自己決定

先日、旭川市にある重症心身障害児（者）施設北海道療育園から同園発行の『北の療育』第一九六号が届きました。その巻頭の「（前略）重症児は、『重度の知的障害と重度の肢体不自由が重複する……』と児童福祉法で定義されている方々である。多くの方が寝たきり状態であるとともに、重度の知的障害のために、ほとんどの人がこの世に生を受けてから、一度も自己選択・自己決定をしたことがない人生を歩んできている。重症児にとって自立とは何か。（後略）」

「一度も自己選択・自己決定をしたことがない人生」とはどんな人生でしょうか。そばにいる私たちは、そういう人たちの『声なき声』（平元氏）を聞かねばなりません。

七月二二日（金）　号令

発語としてはうまく言葉になりにくい○○さん。作業の時間になってもなかなか作業の流れに入ってきません。だけど、他の利用者は「○○さんは作業をサボっていて困ります」なんて、誰もひとことも言いません。それは、作業はしない○○さんだけど、そんなことには関係なく○○さんそのものを認めているからです。いえ、認めているどころではないのです。

毎週の利用者の当番さん（男女各一名ずつ）は、利用者が帰宅する際の終礼の時に「気を付け、礼！」の号令をかけます。

今週は○○さんが男性の当番です。当番ですから、女性の当番さんと一緒にみんなが並ぶ列の前に出て、立っています。職員からの連絡帳も配り終えて、いよいよ終礼のあいさつの時です。そして今日は、○○さんが号令をかける番です。

一瞬、その場がシーンとなります。みんなが○○さんの号令を待っているのです。ジーッと待っています。私が「はい、○○さんお願いします」と、二、三度きっかけを作ります。が、うまくいきません。すると、不意にひざを少し曲げて、リズムをとるようにして「あっ」と言いました。と、どうでしょう。みんなはそれを合図に、声をそろえて「さようなら」と言うのです。それが○○さんの「気を付け、礼！」だということを知っているのです。みんなは当たり前の顔をして下駄箱へ向かいます。○○さんもうれしそうに下駄箱へ向かっています。

お互いが認め合っているのだ、などという理屈ではなく、それが当たり前なのです。その当たり前を広げていきたいと思います。

七月二七日（水）　先生

山口市内のある福祉団体に用があって、事務所に顔を出した時のこと。「先生のところでは、……」「いや、私は先生ではないですから」また、ある日、施設長同士の会合に出席した時のこと。「先生のところはグループホームがいくつあったですかねぇ？」「えっ、いや、私は先生じゃないですよ」そして、東京のある組織本部の事務局に電話をした時のこと。「先生のところの施設は授産の通所でしたでしょうか？」「⁉」

施設長を「先生」と呼んでいるのは、あるいは呼んでしまうのは、どうしてでしょうか。中には、施設の職員同士でも「先生」と呼び合っているところもあると聞きます。教育現場を経験した人が多いから？　保護者からそう呼ばれることがあるから？　いずれにしても「先生」はおかしい、と思うのです。

そう言えば、いつか「園長先生」と呼ばれたこともありました。

八月二三日（火）　モザイクタイル

私の前の職場の同僚が五一歳を目前にして亡くなってから早三年が経ちました。先日、東京都下の教会で「記念会」が開かれ、出席をして来ました。

「ひとこと思い出を」、とのことだったので、彼の仕事振りや私しか知らない彼にまつわるエピソードなどをお話させていただきました。その時、さつき園の作業で作っているモザイクタイルのことも、出席された皆さん（およそ六〇人）に紹介しました。

実はさつき園でモザイクタイル作りを作業に取り入れたのは、亡くなった彼が私的に関係し、

主宰していたとも言える都内のある障害者のグループホームで作っていたモザイクタイルの壁掛けや鍋敷きの中の一枚を、彼の奥様から贈っていただいたのがきっかけなのです。

それが今、彼とさつき園の利用者の、お互いを知らない者同士がその一枚のモザイクタイルでつながっているという、三年前には想像もしなかった関係に発展し驚いています。

くやしいことに彼は三年前の夏に亡くなりました。しかし、残された私たちは、彼との関係を新たな関係を切り結ぶ手がかりとしながら、一歩でも半歩でも歩を進めたいと思います。

一〇月四日（火）　親の気持ち娘の気持ち

さつき園利用者の○○さんのお母さんは長年、入所施設の開設を願って活動しておられました。そして仲間の親ごさんたちとの努力が実って念願の施設も完成しました。しかし、今はまだ入所はしないと、その後も○○さんはさつき園に通所していました。

ところが、ここにきて、何と○○さん本人がその入所施設への入所を決心したのです。私たちにしてみれば「あの○○さんが！」という思いです。三、四年前から最近まで、あんなに「行きたくない、嫌だ」と言っていたのに、どうしたことでしょうか。

一つには母親の体力を心配しているのです。今、私たちはお母さんの気持ちが、そして体が心配です。入所施設が出来たのは心強かったが、いざ娘が施設に入るとなると、親の気持ちは複雑です。見ていて辛いものがあります。障害者のご家庭にこんな思いをさせずにすむような福祉は無理なのでしょうか。

一〇月一四日（金）「さみしかったんよ」

自ら「施設に入る」と言った〇〇さん。その後は……。

本人とお母さんとの相談で、その施設に慣れる意味で一週間ほど短期入所を経験されました。短期入所中はことさら変わったこともなく、そこに入所されている方々とも仲良く過ごしているとの連絡でした。

ところが、終了して自宅に戻ったとたん、「さみしかったんよ」とお母さんの胸に抱きついて泣いたとのこと。その後、お母さんが本人の気持ちを確かめてみると、今にも泣き出しそうな表情で「行きたくない」と言うのだそうです。「以前、父親が亡くなった時に、長いこと情緒が不安定になったが、またそんなことになると心配です」とお母さん。

ご家族での相談の結果、今回の入所はキャンセルということになりました。

〇〇さんは今日も元気にさつき園に通所しています。お母さんももうひと踏ん張りせねばなりません。さつき園も支援します。

一〇月二一日（金）　自己満足

障害者がきちんとあいさつが出来ないのは本人のせいですか。障害者が作業の流れに乗らずにふらふらと歩き回っているのは本人のせいですか。障害者が急に隣りの人を叩くのは本人のせいですか。障害者が物を盗ったり、隠したり、うそをついたりするのは本人のせいですか。

障害者は、自分でなりたくて障害者になったわけではありません。けれど、誰を責めることもなく「障害者」と呼ばれる人生を、懸命に生きています。そんな人たちを前にして、自らを健常者と呼んでいる私たちに驕《おご》りはないでしょうか。障害者と位置付けられた人たちと、健常者と位置付けた人たちの二種類の人間がいるわけではありません。一方的に差別され、一方的に差別してきた長い歴史の結果が今、私たちの目の前の現実として広がっています。私たちはそういう歴史を持っていて、しかもそういう中で生きていることをごまかさずに受け止めねばなりません。それをあいまいにして、目の前の障害者をあれこれいじくり回し、こねくり回すのは支援ではなく、ましてや福祉でもありません。それは単なる自己満足です。

一〇月二四日（月）　信用するということ

〇〇さんは草引きが得意です。得意なので暑い夏の盛りでも、平気で一人で園の空き地（職員用の駐車場にもなっている）の草引きをします。今はずいぶん涼しくなってきたので、かえって外の作業のほうが気持ちがいいのかもしれません。

昨日も〇〇さんは一人、園のフェンスのそばの草引きをしていました。利

用者の終礼の時間ですので、女性の利用者が「○○さぁ〜ん、終礼よぉー。部屋に入《はい》りんさいやぁー」と窓越しに声をかけていました。私ものぞいて見ましたが、しゃがみこんで草を引いています。今度は男性の利用者が同じように声をかけます。「○○さん、帰る時間よぉー。並ぼうやぁー」しかし、彼は立ち上がろうともしません。「園長さん、○○さんがまだ外にいます！」とさっきの女性の利用者が少し苛立っています。

「えーよ、えーよ、そう何回も言いんさんな。○○さんも分かっちょるんよ。もうすぐ入って来るよ」と私。彼に聞こえるように言いました。しばらくすると、ちゃんとカバンを下げて終礼の列に入って来ました。

私にも経験がありますが、何回も注意をされると、やってはいけないと分かってはいても、ついつい意地になってやってしまうことがあるのです。力ずくで納得させたり、何度も何度もしつこいほど言葉を投げかけたりしては、利用者の心には響きません。一、二度注意して、あとは本人を信用する、ということも大事な関係の取り方だと思います。人には誰でも自尊心があるのです。

一一月七日（月）　みかんの皮むき

今日から、今年のみかんの皮むき作業が始まりました。今年は例年に比べて一週間から一〇日早い作業開始です。午前一〇時になると、利用者は「勝手知ったる何とか」ではありませんが、ちゃんと自分の担当する作業場所の椅子に腰掛けて、黙々と皮をむき始めます。

衛生面に気を付けての作業ですので、頭には衛生帽、口と鼻にはマスクを着けて作業します。中には、マスクをあごにしている人もいますので、「あごにマスクしてどうするんかい？」と注意します。さつき園にとって、このみかんの皮むき作業は大事な大事な収入源のひとつです。

毎年のことですが、こうしてみかんの皮むきが始まると、季節が少しずつ冬へと向かい、今年も残り少なくなったと知らされます。

一一月一五日（火）　利用者は利用者同士

利用者の終礼の時刻になると、決まって○○さんは身障者用のトイレに用を足しに入ります。みんなに連絡帳も配られ、あとは当番さんの号令を待つばかりです。が、○○さんは今日もなかなかトイレから出て来ません。職員が外から声をかけますが、扉が開いて顔をのぞかせますが、動こうとしません。

それをちょっと離れた、終礼のために並んだ列の中から見ていた△△さんが、すーっと○○さんのそばまで行きました。「○○さん、行こう。みんなが待っちょるよ」と言いながら彼女の手を取りました。すると、それまでのゆっくりとした動きはまるでうそのように、○○さんは△△さんと手をつないでこちらに向かって歩き始めたのです。△△さんの「もう、帰るんよ」の声に安心したようにうなずく○○さん。職員の出番はありません。利用者は利用者同士です。

一一月一六日（水）　読書ボランティア

読書ボランティア。いわゆる絵本や童話や紙芝居の読み聞かせをするボランティアのことです。三ヶ月に一回、さつき園にその読書ボランティアさんが複数でやって来ます。回を重ねるごとに、読むほうもあれこれ工夫していただき、聞く側もずいぶん雰囲気が良くなってきました。

私はこれまで二回連続で用事が重なって失礼していたのですが、今日久し振りに参加して、そんな感じを受けました。読むほうと聞くほうとで上手に掛け合いが出来ています。きっと、ボランティアさんが利用者をしっかり理解しようとしてくださった結果だと思います。

「いつもあまり喋らん人が『また来てください』って言ってくれましたよ。うれしかったなぁ」とは、この読書ボランティアを仲介していただいた方の声です。ちなみに、今日は『たべられたやまんば』と『コッケモーモー』のお話でした。

一一月三〇日（水）　雨ニモマケズ

先週、車を運転していると突然、「一日ニ玄米四合ト味噌ト少シノ野菜ヲタベ」という言葉が浮かんできました。ご承知の通り、これは宮沢賢治の詩『雨ニモマケズ』の一節です。

私がずーっと長い間考えていること。それは、世の中を語る時に、自らを健常者と呼ぶ人たち（私たち）の生き方を中心にした言葉で語るのではなく、障害者と呼ばれてしまっている人たちの生き方を中心とする言葉で語ることは出来ないか、ということです。

「慾ハナク　決シテイカラズ　イツモシズカニ　ワラッテキル」「アラユルコトヲ　ジブンヲカンジョウニ入レズニ　ヨクミキキシワカリ　ソシテワスレズ」「ミンナニデクノボートヨバレ　ホメラレモセズ　クニモサレズ　ソウイフモノニ　ワタシハナリタイ」

ひょっとして宮沢賢治の身近には、今でいう知的障害の方がいたのではないだろうか、と思ったりもします。皆さんも今一度、『雨ニモマケズ』を読み返してみてください。賢治のそばに知的障害の方の存在を感じられるかもしれません。

一二月一六日（金）　賞与　その一

さつき園は授産施設ですので、利用者に毎月給料（工賃と言っています）を支給し、そのほかに年三回賞与を支給しています。工賃は利用者個人個人の預金通帳に振り込み、賞与は三回とも現金で支給しています。これまでは幸いにも事故も事件もなかったのですが、最近、世の中が少々どころではなく相当物騒になってきていることもあって、賞与についても八月の賞与から預金通帳への振り込みにしました。

ところが、利用者にとって賞与を現金で受け取るということには、私が想像するより以上の大事な思いがあったのです。保護者の方々からの声によると、「本人は通帳振り込みの理屈は分かっているようですが、それでも賞与は現金でほしいと不満顔です」とか、「これまでは賞与をもらって帰ると、自分の机の引き出しに大事にしまい込んで、たまにうれしそうに眺めていました。時には、『お母さん貸してやろうか』なんて言ってましたのに。今日は元気がないです」とか、「近所の親しい人に得意げに食事をおごっていたのが出来ずに不満そうです」などなど。

はてさてどうしたものかと迷いに迷った園長は、今度の冬（一二月）の賞与からまた現金での支給に戻すことにしました。利用者のうれしそうな顔がまた見られると思うと、今から楽しみです。

一二月二一日（水）「やっぱり大島がええのぉー」

胃潰瘍で周防大島町外の病院に入院していた○○さんが元気に退院しました。

その○○さんを病院へ迎えに行った、帰りの車の中での会話です。

「もう、お酒もダメ、タバコも吸うちゃあいけんと」「はい」

「お医者さんがそう言いよったよ」「はい」

「あんまり食べ過ぎてもいけんと」「はい」

「胃が治って良かったのぉ」「はい」

よっぽど入院がこたえたのか、何を話しかけても神妙に「はい」と返事をしています。

車が大島大橋を渡るころ、「園長さん、やっぱり大島がええのぉ」とポツリと独りごちます。運転しながら、思わず○○さんの顔を見てしまいました。目が笑っています。入院中は、さつき園の職員が毎日日替わりでお見舞いに行きました。
○○さんが元気に退院出来て、ほんとうに良かった！

一二月二七日（火）　賞与　その二

二三日のクリスマス会で園長サンタは大きな袋から冬の賞与を取り出して、利用者みんなに配りました。「前のように賞与は現金にしました」とお断りを言います。客席に座って待っている利用者へ、サンタがひとことずつ言葉を添えながら配って回ります。

両手で受け取る人、片手で受け取る人、お礼を口にする人、今日はお母さんがいるせいか、いつになく恥ずかしそうに受け取る人、ひったくるようにする人、今か今かとこちらにじっと視線を向けて自分の順番を待っている人などなど。何と渡し甲斐のある賞与でしょうか。渡していて、こちらまでうれしくなってきます。

「いらない人は園長にちょうだい」「嫌よねぇ」「あげませーん」

利用者みんなが助け合って仕事をして稼いだ賞与です。皆さん、ご苦労様でした。

一月二〇日（金）　福祉と政治

福祉の置かれた状況が良くないからといって、政治の力に頼ろうとする姿勢に与するわけにはいきません。政治は数の世界。数では福祉はかないません。数の勝負をすれば、福祉は連戦連敗でしょう。そして自己主張が生命線の政治の世界では自己主張が出来ない人の居場所はありません。政治は見返りも要求します。福祉は主義主張を超え、党派を超えたところで、この世界に生まれて、障害がありながら生きて、そして死んでいく、あの人の生涯を、自分の生涯に引き寄せて考える作業です。

二月三日（金）　中学生来園

昨日の午後、お隣りの大島中学校の一年生二三名がさつき園にやって来ました。「訪問学習」ということで、さつき園を体験しに来てくれたのです。あいさつ代わりに、ジョン・デンバーの「カントリーロード」を英語交じりで歌ってくれました。じっと聴いていた利用者は歌が終わるとほっとうれしそうに拍手をします。

班に分かれての作業は、モザイクタイル、竹炭、牛乳パックリサイクル、ウエス加工、陶芸、みかんの皮むき、ＥＭぼかし、農耕と、さつき園ではたくさんの作業をしていますので、それぞれの班に二人〜四人ずつ分かれて入りました。会ったばかりですので、さすがに皆、黙々と作業をしています。利用者もやや緊張気味です。残念ながら、途中、来客があり、私はずっと立ち会っていることが出来ませんでした。

予定の時刻になって、終わりのあいさつの前に、もう一度さっきの歌を歌ってもらいました。今度は利用者は拍手をしたり、体でリズムを取ったりしています。あいさつをして、みんなで玄関で見送りました。

中学生の感想はどうでしょうか。恥ずかしさがいっぱいで思うように会話は弾まなかったかもしれないけれど、同じ時間を過ごしたことはきっと彼らの心に残るものと思います。

二月二〇日（月）　頑張れ、若者！

このホームページを読んだのをきっかけに、さつき園でボランティアをしてくれていた女子大生から「就職が決まりました。お世話になりました」と便りが届きました。うれしい限りです。

さつき園でのボランティアが活きたのがどうかは分かりませんが、福祉の世界で頑張ろうとする若者が一人増えたことを素直に喜びます。頭でっかちになりがちな若者が、福祉の現場を自分の意志で体験してくれたことがうれしいのです。さつき園にはそういう役目もあると思います。

またいつか、さつき園に来てくれる日を楽しみにしましょう。利用者も待っています。頑張れ、若者！

三月二五日（土）　親の思い

重度の知的障害の子を持つ知人が、この四月に長年住んだ東京から北海道旭川市に転居することにしたそうです。お子さんの入所している都内の施設は知的障害児の施設で、もう四〇歳を目前にしているお子さんがこれから先、ずっと入所しているわけにはいかないからです。もう何年も前から、知人ご夫妻がそのことで悩んでおられることは知っていました。ところが出てきた答えが何と北海道への転居だったのです。旭川に住んで、希望する施設の空きを待つのです。お子さんのために旭川への転居を決心されたことを電話で聞いて、私はびっくりしました。そして、親とはそういうものだ、といまさらながら知らされたのです。

障害のある子の親は、この知人ご夫妻に限らず、誰も同じです。いえ、子を持つ親は皆そうなのでしょう。しかし、住み慣れた土地を出て、子どものために見知らぬ土地へ引っ越すという、その思いの熱さに私はただただ感動します。健康に気を付けて頑張って！というほかに言葉がありません。

平成一八年度

六月一四日（水）　医療と教育と福祉

先週の月曜日から、さつき園では養護学校高等部三年生を実習生としてお預かりしています。昨日、先生が巡回で実習の様子を見学に来られました。いろいろお話をさせていただきました。小さい頃から医療と教育と福祉の調和のとれた協力体制があれば、どんなにか家庭は安心ではないだろうか。また、生まれて成人するまでの間、一貫してそばにいて家族や本人にアドバイスをしてくれる人やシステムがあるといいのではないか、といったような話をさせていただきました。

乳幼児の頃は医師や保健師、学校に上がれば教師、社会に出て施設を利用すれば施設の職員、といったように、その時々で相談したり、アドバイスを受けたりする相手が異なっているのが現状です。養護学校の現場の先生も生徒の教育や指導について悩みは尽きないようです。また実感として、医療関係者は教育と福祉を、教育関係者は医療と福祉を、われわれ福祉関係者は医療と教育の現実を知らなさ過ぎます。そしてこの三分野に市町村行政がしっかり加わることが出来れば、おのずと地域は掘り起こされ、地域福祉は整備され充実してくるものと思いますがいかがでしょうか。頑張りましょう！

七月一三日（木）　地域の理解に向けて

「園長、今、小松交番から、『僕は悪いことをしたので捕まえてください、と言っている人がいるが、どうもさつき園の人らしい。そんなことは出来ないから帰りなさいと言っても帰るふうでもないので、誰か来てください』と電話がありました」と職員からの報告。「〇〇さんだと思いますので行ってきます」「はい、よろしく」

〇〇さんはよく交番に行きます。「さつき園の職員に叱られました」とか「僕は悪い人間です」なんて言っているようです。〇〇さんは以前は図書館にもよく行き、司書の方にあれこれ話しかけていたようです。

さつき園の利用者がそうして町のあちこちに出かけて行き、地域の人に心配やら、時には迷惑をかけることがあるのを困ったことだと考える向きもありますが、私はそんなことは気にしないのです。利用者が少々地域の人に迷惑をかけることがあっても、それで少しずつでも地域の人たちが知的障害と言われる人がどういう人なのかを知って、そういう人たちも自分たちの地域に住んで生活して生きているのだと、体で感じてくれることが大事と思うからです。もしも迷惑をかけて地域の人がご立腹されたら、私が頭を下げて謝ります。でも、その時は『またこんなことがあるかもしれませんが、その時はよろしくお願いします』と付け加えることを忘れないのです。

八月一〇日（木）　危険な考え

凄惨な事件が跡を絶ちません。

どうしてあんなことをするんだろう。何を考えているんだろう。あんなことをして、どうかしているんじゃないの……、などなどいろいろに人は反応します。そして、そういった感想を述べる心の中には「自分だったらそんなことは絶対しない」という無意識の意識が隠れているように感じます。あんなことをする人は特別なんだ、普通じゃない、異常なんだという思いです。

しかし、そんなことはないのです。自分だけがそういったことから免れているなどということはないのです。施設での虐待も同じです。どうして虐待をするんだろう、自分は虐待はしない、という人がいるとすれば、それは危険な考えであり、思い上がりです。人は他の人がするどんな行為からも免れていることはないのです。

八月二八日（月）「おい、かぶれ」

思いもかけぬときに利用者のやさしさに出会うことがあります。残暑の厳しい午後、帽子なしではとても屋外の作業は出来ません。職員が帽子をかぶるように何度か注意しても要領を得ない○○さん。その様子を見るに見かねて、□□さんは倉庫においてある麦藁帽子を取りに行き、「おい、かぶれ」とぶっきらぼうにかぶせてあげました。最近は自分の健康のことなどで少々苛立っているようなところも見えていた□□さん。しかし根はやさしい□□さん、今日のやさしさは一級品でした。

しばらくして○○さんが麦藁帽子を脱いで、手に持つばかりでかぶるそぶりを見せないのを職員が注意すると、今度はそばにいた△△さんが黙って麦藁帽子を○○さんにかぶせて、脱げないように上から軽く押さえたまま、二人して畑に向かって歩き始めたのです。帽子をかぶるように注意していた職員は、この二つの光景を見て思わず涙が出そうになったと言います。やさしさは周囲の人もやさしく包むのでしょう。

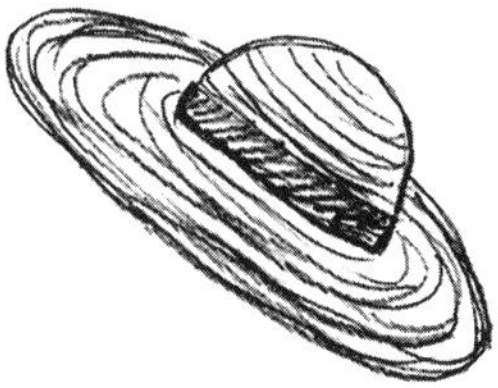

九月一三日（水）　退職通知

大学時代からの友達で、三〇年を超える長い年月を知的障害者福祉の世界に身を置いていた男が突然、そこから身を引いてしまいました。先日、あることで東京の彼の職場に電話をかけた私は電話口に出た人からそのことを聞いて、思わず「えっ⁉」と受話器に向かって声を上げていました。中央にあって、わが国の知的障害者福祉をリードしてきたその団体にいて、彼は気負うこともなく肩肘張らずに、多くの複雑な課題にしっかりと対応し乗り切ってきていると思っていたのに、どうしたというのでしょうか。何があったのでしょうか。

すぐに彼の携帯へ電話しました。少し無念さをにじませた声で彼はその理由を答えてくれました。

家に帰ると、彼からの退職通知が届いていました。そこには「残念ながら道半ばの感は否めませんが、これも激動期の世の常ということでしょうか」と記してありました。

九月三〇日（土）　心温まる話

先日、地域の小学校の運動会を見学に行った時のこと。ある方から「つい最近、さつき園に関して心が温まる光景を目にしましたよ」と、声をかけられました。何日か前に車を運転していると、前の車が停まった。見るとボディに「さつき園」と書いてある。さつき園の送迎便はこんなところでは停まらないはずなのに、と思って待っていると、中からどうもさつき園の利用者らしい人が降りてきて、自転車を道路の端に並べていた。よく見ると、倒れて道路にはみ出していた自転車を片づけたのらしい……。そんな話を聞かせていただきました。

翌日の朝礼で職員にそのことを紹介すると、用があって、職員が○○さんを車に乗せて町内に出かけた帰りのことだったようです。私は利用者が自転車を片づけたこともうれしかったのですが、そのことを「心の温まる話」として私にお話しくださる方がおられることもうれしく思いました。さつき園は地域に見守られています。

一〇月三一日（火）　職員の復帰

育児休業が明けた職員が昨日から勤務に復帰しました。利用者はずんぶん前からこの日のことは知っており、よく話題にしていました。〇〇さんは復帰した職員の子どものことが気になります。

今日の昼休みのこと。「園長さん、赤ちゃんのことを聞いてもいいかね」「ええよねぇ。聞いてみんさい」「何て聞けばいいですか？」「そうじゃのう、赤ちゃんの名前は何ですかとか、何を食べますかとか、歯は生えましたかとか、聞いたらいいが」「はい、聞いてみます」

玄関のほうから、復帰した職員に質問している〇〇さんの明るい声が聞こえてきます。聞かれた職員もていねいに答えています。

利用者はみんなそれぞれのやり方で、職員の復帰を温かく迎えてくれているのです。ふと、利用者と職員、何だか不思議な関係だなぁと思います。いったい、どっちが支えているのか、支えられているのか……。

一一月二七日（月）　そんな日もあるよ

朝、通所して来た時から利用者の精神状態が不安定な時、職員は家庭で何かあったのかなと思います。特に休み明けの日は苛立ったり、落ち着かなかったりする利用者がいます。生活のリズムが大事なことは誰も同じです。いつもと違う一日や時間を過ごしてしまうと、それが楽しいひとときならいいのですが、気が乗らない、嫌だなあと感じてしまう時などだと、イライラやストレスが尾を引いてあとに残ります。本人にどうして自分がイライラしているのか理解出来ない場合はなおさらです。

今日は○○さんと△△さんが不調です。大きな声を上げていたり、作業時間になっても医務室で寝ていたりしています。そんな時は「そんな日もあるよ」というくらいの気持ちで、職員はゆったり構えてやさしく相手をします。他の利用者に当たったり、いつも以上に頑固になったりしていますが、誰だってそんな時はあるのです。こちら側がイラつかないことです。

今日は帰りの送迎便には乗らない、ときつい顔をして言い張った○○さん。あれこれ話をして、夕方、やっと機嫌も直り、職員が別便で送って行きました。ゆったりとした時間を過ごしてほしいものです。明日はどんな顔でやって来るでしょうか。

一二月二二日（金）　指揮

明日はさつき園のクリスマス会です。このところ昼休みは利用者の歌の練習で、園内に歌声が響き渡っています。♪真っ赤なお鼻のトナカイさんは……♪きぃよしーこのよるーみんな大声を張り上げて真剣な顔をして歌っています。

そんな中で、○○さんは手振りよろしく指揮をしています。最前列の端で、こちらを向いてはいますが、両手を上げて見事に歌を指揮しています。びっくりしました。職員から聞いてはいましたが、何と何と堂に入った指揮振りです。軽やかに軽やかに両腕を振っています。しかも、他の利用者は自分が歌うのに一生懸命で、○○さんのそんな行動には見向きもしませんし、気づいてもいないようです。そこがまたいいところです。

○○さんは常に携帯ラジオを持ち、イヤホンをその耳から外したことがありません。ひょっとして音楽ばかりを聴いているのでしょうか？　あんなに曲に乗るとは驚きです。人は見かけによらない、というと○○さんに失礼でしょうか。いやはや○○さん、恐れ入りました！きっと、明日は楽しいクリスマス会になることでしょう。

一月四日（木）　福祉への覚悟

福祉に携わる人間には覚悟がいる。その覚悟もない、現場も知らない人間たちが昨年、判じ物のような、しかもおためごかしの法律を障害者に押し付けてきた。

障害者は、誰も障害者になろうと思って生まれてきたわけではない。なのに当たり前の生活をするためにでもサービスを利用するなら金を払え、とは何事か。感性のにぶい人間が福祉に携わると、福祉はホコリまみれになる。どこに福祉があるのか分からなくなる。そして、今、福祉が見えなくなってきている。

私には、『さつき園に通う障害者は私だったかもしれない』という思いが常にある。新年を迎えて、今年も次代を担う少年少女の柔らかい感性に呼びかけ、周防大島の四季の風に触れて、遠い昔に自らに課した覚悟を改めて確認し、また一年を歩こうと思う。

一月二三日（火） 反社会的行動

ある新聞に載った障害者自立支援法の見直しの必要性を論じた投稿を読みました。関係者がこの法律に感じている問題点が過不足なく述べられており、その点では「その通り！」という内容でした。ただ、一ヶ所だけ「うっ？」と引っかかったところがありました。それは『（前略）知的障害者には、反社会的行動を繰り返すため地域社会で暮らすことが困難な人が少なくない。（後略）』という件です。

この『反社会的行動』という言葉に引っかかりました。最初から障害者を員数に入れずに自分たちの都合だけでこの社会を形成しておいて、いまさら障害者の行動を『反社会的』と言うのは、いかがなものか。また、そういう言葉を何の疑問もなく当たり前のように口にし、あるいは文字にするのはどうでしょうか。障害者にすれば、それこそ逆に「今のこの社会こそ『反障害者的』ではないのか」と、言いたかろうと思います。

もちろん障害者自立支援法は抜本的見直しをしてもらわねばなりません。いろいろな立場の人たちが様々にそのことに関して論じています。が、スタートのところで障害者を自分たちとは違った人間として区別していたのでは、いつまで経っても障害者の行動は『反社会的』にしか思えないでしょう。それでは根本的には何も変わりません。障害者を員数に入れた社会作りをしていきたいと思います。

二月五日（月）　教育と福祉、そして自然

私があれこれいう立場にはないのですが、日本の学校教育の世界が荒れています。親が……、地域が……、教育委員会が……、学校が……と連日、新聞、テレビ、ラジオなどで報道され、様々な人によって様々に論評されています。

それはそれで妥当な見解や分析なのかもしれません。が、敢えて述べるならば、私には、私たちが大人も子どもも人工物に囲まれる生活に麻痺して、ボタン一つで望む生活あるいは人生を手にすることが出来ると自惚れて、自然を畏れなくなってきているからだと思われるのですが、いかがでしょうか。たとえば、私たちは簡単にハエや蚊を殺しますが、私たち人間にハエや蚊を作ることなど出来ないのです。

体罰をどう定義しようと、自然を畏れる感性を学齢期に達する頃から教え込めないとしたら、その後の学校教育は不毛のままではないでしょうか。

そして福祉は、自然を受け容れるところから始まるのです。

二月七日（水）　ある施設長さんの話

「それまでは職員でやっていた施設内の掃除を、忙しくなってきたので掃除をする人を雇ってやってもらうようになったら、途端に職員は廊下に落ちているゴミも拾わなくなってしまったんです。掃除は私たちの仕事じゃない、ということなんでしょうかねぇ」

ある施設長さんにお目にかかった時のことです。ご相談する用が済んで、あれこれお話をしているとそんな話をされました。

私は、「なるほど〜」と相づちを打って、苦笑いするほかありませんでした。似たような話をよく耳にします。

二月二〇日（火）　東京マラソン

一昨日、東京マラソンのテレビ中継を見ました。テレビ各局を始めとして様々な形で報道されていましたので、ご存知の方も多いことでしょう。都庁前をスタートし、歌舞伎町・皇居・日比谷公園・東京タワー・JR品川駅・銀座・浅草雷門・佃大橋、そしてゴールが臨海副都心ビッグサイト……とまるで、都内を巡るはとバス観光のようなコース設定のマラソンでした。当日はあいにくの雨ではありましたが、日頃は大量の車が行き交う道路を三万人を超す人たちが楽しそうに走り、あるいは歩きます。その様子に私は思わず見入ってしまっていました。

しかし、大都会東京の幹線道路を何時間も通行止めにして、しかも莫大な人と物を動員してまで行うこの東京マラソン。何故そこまでして開催するのでしょうか。

それを考える時、「その経済効果は？　あるいは経済損失は？」などと野暮なことを言ってはいけません。そんなことを考えるくらいならやらないほうがいい。では、何のために開催したのか。

日頃は車の洪水といわれるほどの夥しい数の車によってわが物顔に占領されてしまっている大都会の道路。それはあたかも人間を締め出しているかのようです。そんな道路を「これは私たちの道路だ！　私たちが造った、私たちのための道路だ！」と、車に占拠された道路を一瞬、人間が取り戻すためのセレモニーだったのかもしれません。オーバーに言えば、束の間、都市を私たち人間の手に取り戻そうとしたのです。そう考えると、参加した人たちの笑顔の意味が分かるような気がしませんか。そしてその笑顔こそが答えではないでしょうか。

あなたも来年、第二回目が開催されるなら参加してみてください。そしてその時どう感じたかを教えてください。残念ながら、私は長距離走は苦手なのです。

三月三日（土）『千の風になって』

今、『千の風になって』という歌が話題です。

私のお墓の前で泣かないでください
そこに私はいません
眠ってなんかいません
千の風になって千の風になってあの大きな空を吹き渡っています

という歌詞です。ご存知ですか。

自然の一部である人間は、光や雪や鳥や星、そして風といった自然に包まれ、そしてそうした自然に抱かれていると感じる時が最も気持ちが安らぐものなのでしょう。まして、それが自分の近しかった人を感じさせてくれるなら、なおさらでしょう。

そうした内容の歌詞に加えて、この歌が評判を呼んでいるのにはもう一つ理由があります。それは「千の風」という表現です。

普通、私たちは風を一つ、二つ、とは数えません。それを「千の風」とあたかも数えられるもののように表現しています。そのことが新しい表現として私たちの心を捉えたのです。そして、その新しい表現で開かれた感覚、これまで抱くことのなかった新鮮な感覚が多くの人に受け容れられたのです。

私たちは「千の風になって、千の風になって、あの大きな空を吹き渡っています」という歌詞を口にする時、千の風になっているのは亡くなった人だという歌詞なのに、私たちこそこの壮大な自然の中で今生きているんだということを強く感じさせられます。北風や南風ではなく、「千の風」というこれまでにはなかった表現と、そこから喚起される目の前に遥か遠くまで果てしなく広がる空の、その空の果てから果てまでを吹き渡る風という感覚が、私たちを日常の緊張から解放し、浄化してくれるのです。

歌謡は心を表現します。歌謡は時代を表現します。今、心も時代も安らぎの中にはありません。だから、私たちは亡くなった人に事寄せて、あの大きな空を吹き渡る千の風になって己を解放しようとするのです。

三月二九日（木）　生きる力

昨日、今年度最後の保護者会がありました。今年度限りで退職する職員に保護者会から拍手とともに記念品が贈られました。

そのセレモニーのあと、あるお母さんから「うちの◯◯はどうなるんでしょうか」と不安の声が出ました。◯◯さんは辞めていく職員が担当していたのです。

私はそのお母さんに「お母さん、◯◯さんの生きる力を信じましょう」と答えました。人の世に出会いと別れは付きものです。人は時の流れに抗うことは出来ません。同じ職員がいつまでもずーっと担当を続けていくことは出来ないのです。◯◯さんが新しく担当となる職員とどうなるか。それを心配する前に、私は○○さんの可能性、いや生きる力を信じたい。

日頃、お母さんは「この人は何をどこまで分かっているのか……。分かっていると信じたいけど……。何も分かってないんじゃないか……」と悔しそうに言われます。しかし、きっと○○さんは担当が替わったという現実を受け容れて、新しい担当職員との新しい関係をほかの利用者とともに生きながら、自分の力で育てていくのです。時間はかかるかもしれません。だけど、そう信じます。

私たちが○○さんの生きる力、あるいは可能性を信じる姿勢で接すれば、それは○○さんにも伝わるはずです。そんなの出来っこないと頭から否定してかかると、○○さんにもそれが伝わり、自分なりの仕方で自分の存在を主張することになるのです。そしてそれは残念ながら、はた目には○○さんが荒れているとしか見えないのです。

人の生きる力・可能性を信じることは人格を認めることです。親が子どもの生きる力を否定してどうするというのでしょうか。職員が利用者の可能性を否定してどうするというのか。利用者の生きる力・可能性を信じることは私たちの原点です。

平成一九年度

四月四日（水） 昼食

今日のお昼は肉うどんとお稲荷さんと和え物です。食堂の窓から見える屋代川の土手の満開の桜を眺めながらの、利用者と職員のいつもの食事風景が広がっていきます。

この四月からさつき園に通所し始めた○○さん。昼食のテーブルに着くことは着くのですが、なかなか食べようとはしません。体をゆすったり、宙を眺めてはニコッと笑ったりしています。

徐々に食べ終わった人たちが退室していき、食堂に残った人数も少なくなりました。でも、○○さんは相変わらず体をゆすったり、チラッと食事に目を向けたりはするのですが、手を付けようとはしません。

すると、通路を挟んだ先のテーブルで食べていた△△さんが、「○○さん、早う食べようやあー」と声をかけました。△△さんも私と同じように、○○さんのことが気になっていたようです。自分が食べ終わると、おもむろに○○さんに近づき、箸を持つように促します。促されて箸を持った○○さん、うどんを一本挟んで食べました。安心した△△さんは、満足そうな笑顔で下げ膳して出て行きました。

あとで聞くと、○○さんは昼食をみんな食べたそうです。音がざわつく所が苦手な○○さん

は、みんなが食事を済ませたあとに、自分の時間と空間の中でゆっくり食事をしたのです。

四月一二日（木）　元気の源の保護者会

さつき園では毎月一回、保護者会が開かれます。

ある日、一人の保護者の方が用があってさつき園にみえたとき、「今月は保護者会が待ち遠しいわぁ」と言われるのを耳にしました。いつもさつき園の保護者会はその月の二〇日前後に開いているのですが、たまたまその月は都合で月末に近い日に予定されていたのです。

今日、今年度初めての保護者会が開かれました。いつものように母親の出席が大半です。今回もさつき園として私が出席し、時の話題や新しい情報の提供をさせていただきました。しかし、保護者にとってそれはそれ、なのです。

保護者が保護者会に何を期待するのかと言えば、月に一度、ほかの保護者とあれやこれやの話を取りとめもなく語り合える場があること、のようです。保護者にとってそれが一番で、気の置けない仲間と過ごすひとときが何よりうれしく、楽しいようです。時々私もその輪に入るように促されることもあります。

保護者会の日は、日頃でも賑やかなさつき園がもっと賑やかになります。今日もそうでした。朝、少し元気のなかったお母さんも帰る頃にはいつもの元気、いつもの笑顔を見せてくださいました。

保護者の元気の源の保護者会であり、そしてさつき園の元気の源でもある保護者会です。保護者とさつき園がともども保護者会に支えられています。

四月一七日（火）　たくさんの思い

先日、午前中の作業が始まって三〇分ほど経った頃、いつものように園内をグルッと見て回る途中に八朔の皮むき作業を作業棟の外から眺めていました。いつもより少し長めに眺めてみました。利用者はこちらを気にするようにチラッと見ては皮むき作業を続けています。

すると、〇〇さんにいきなり着ていたジャンパーの袖を引っ張られました。今日は〇〇さんは少し離れた駐車場の近くに座っていて砂と小石の感触を楽しんでいたはずなのに、と私はびっくりしました。気が付かぬ間にやって来て袖を引っ張ったのです。引っ張る時に「うん」と言って、そのあとはまた、先ほどまで自分がいた場所に戻って行きました。

「いつまでも皮むき作業を見てるんじゃない」ということなのでしょうか。それとも「早く来て、自分にあいさつをしろよ」ということなのでしょうか。「そうかもしれない」と、私は一人納得して、〇〇さんのところに行きました。「〇〇さん、お早う！　ごめんネ。今日も元気かね？」と声をかけました。すると〇〇さんは顔を上げて「ああっ！」と返してくれました。

たくさんの思いがあるのになかなか言葉に出来ない〇〇さん。私たちは〇〇さんの短い言葉の中にたくさんの思いを感じるように精進します。

五月二四日（木）　あるつぶやき

県社会福祉協議会等のご配慮でサーカス観覧のご招待があり、さつき園では先日、利用者・保護者・職員八一名で、楽しいひとときを過ごしてきました。

その、みんなで並んでサーカス会場への入場の順番を待っていた時のことです。私のそばに並んでいたある保護者が「私に○○（お子さんの名前）がいなかったら、私だって障害者のことなんか関係ない、と思っとったんじゃろうねぇー。一般の人が障害者にそんなに関心がないのはしょうがないよねー」と、ふっともらされました。家族連れや親子連れなど大勢の人たちが楽しそうに並んで入場を待っている様子を見て、思わず知らずもれた言葉だと思います。

残念ながら、人の社会とはそういう風に出来上がっているのです。障害のこの子を抱えて、私はこんなに苦労し、頑張っているのに、世間は少しも目を向けてくれない。世間はなんて非情だ……、と嘆いてみたところで、何も解決しません。ちょっとしたきっかけの違いで、私もあの人と同じように無関心だったかもしれない、と思うところに、人と人の関係が広がり、心が通い合う契機があるのです。

五月二六日（土）　知的障害者とは何か

あることで、知的障害者と呼ばれる人たちのことを一般の人々に理解してもらうことが、いかにたいへんなことかを実感させられました。

知的障害者には子どもに言うようにやさしく話して聞かせれば分かるものだ、とか、ていねいに何度でもやって見せればそのうち覚えるものだ、といった、私たちがこれまでの自分の人生で身に付け、あるいは覚えてきた、物事を教えることの「いろは」を尽くせば何とかなるように思っている人たちが何と多いことか。もしも私たちにそう思える場面があったとしても、それは彼らがこちらに一生懸命に合わせてくれているだけのことなのです。

そんなことは通用しません。私たちが長年生きてきて身に付けてきた常識や理屈の届かない、遥か上空で、彼らは生きているのです。彼らにとって、これをこうすれば次はこうなる、そしてその次はこう、などという段取りや手順や予想などくそ食らえ（失礼！）なのです。

彼らの自由な発想と自由な行動の発露を邪魔し、歪めてきたのは、私たちが価値あるとしている常識や理屈です。彼らがまだ幼い頃から、私たちは彼らを寄ってたかっていじくり回して、とうとう彼らを私たちから見ての〈知的障害者〉にしてしまったのです。

彼らは、私たちが何かを教える対象ではなく、私たちが何かを学ぶ対象なのです。

五月三一日（木）　効率性

悲しいことに、昨年四月の障害者自立支援法施行以降、通所してくる利用者を金勘定するようになってしまっているのに気が付きます。利用者はお金（報酬）を運んでくるサービスの消費者、というわけです。

すると、私たちサービスを提供する事業者には、いかに苦労少なくより多くの収益を上げるかという、効率性を求める心理が微妙に働き始めます。そのうちのひとつが、いわゆるムダをなくそう、ムダを省こうという心理です。そのこと自体は結構なことなのですが、それが高じると、現場ではもたもたしている利用者は排除され、誰からも相手にされなくなるのです。

企業や世間が、「安全・安心が第一」と言っているうちはいいのですが、声高に「効率性」を言い始めると危険です。福祉の世界でそれを言い始めると、危ない。特に知的障害者の世界では危ない。そこに彼らの生きる場はありません。

知的障害者には時間こそが友達なのです。そして障害者自立支援法にはそういう思想がないのです。

六月一一日（月）　研修会への提案

先週末、二つの研修会に連続して参加しました。

両方に共通して感じたことは、研修会の規模に関わらず、参加者は、「ここに参加している人たちはどんなことを考えているのかなぁ、知りたいなぁ」と思っているだろうということです。もちろん、助言者や講師の方々の考えをしっかり聞きたいと思っていることは当然として、自分が日頃課題としていることやよく分からないことや考えあぐねていることなどを、「ほかの参加者はどう考えているのだろうか。生の意見を聞きたいなぁ」と思っているのではないかということです。

研修会の主催者はそのことを実現するためにいろいろな工夫をしてほしいものです。どうも、助言者や講師の方の意見や見解などを話してもらう時間設定も、また会場の参加者からの意見や発言が出やすいような仕掛けなどにも、今ひとつ工夫が足りないような気がします。せっかく参加者も講師や助言者も、お互いに貴重な時間のやりくりをしてその研修会の場にいるのですから、もうひと工夫、ふた工夫をお願いしたいところです。ましてや、今回の二つの研修会のように講師やパネリストが東京からの場合はなおさらです。

また、パネルディスカッションやシンポジウムなどが二時間や三時間では、いかんせん時間が足りません。壇上に上がっている方々の考えを理解するのに一五分や二〇分の発言時間では物足らないと感じます。そして参加者からの質問等に割り振られた時間も正味一時間はほしいものです。もしも、一時間を予定してその時間が余ったとすれば、それは参加者の側に問題あり、ということでいいのではないでしょうか。参加者にもその研修会の出来不出来の責任を負ってもらいましょう。

お互いがせっかく各地から集まって貴重な時間を共有するのですから、主催者はもっと大胆に、参加する側は受身の姿勢ではなく、問題意識を持ってもっと積極的に参加し、みんなで有意義な研修会にしていきましょう、という提案です。

六月一八日（月）　本日のみかんの皮むき作業報告

「終わったようー」みかん（今の時期は甘夏みかん）の皮むき作業班の作業が終わると、いつも決まったように○○さんが園長室まで知らせてくれます。「はい、ご苦労さん。今日はいくつ出来たんかねぇ？」○○さんの報告を受けると、私も決まったようにこう聞き返します。

すると○○さんは、これもまた決まったようにみかんの皮むき班の担当職員のところまで確認に行くのです。決して前もって数を確認してから作業が終わったことを知らせに来ることはしません。しばらくしてまた園長室に顔を出した○○さん、「三六個！」と大きな声で伝えてくれました。「おー、分かった。今日もよう頑張った！　お疲れさんでした」と私。それを聞いて、○○さんがいつものようにニヤッと笑います。

皮をむいた甘夏みかんは、コンテナと呼ばれる、普通の段ボールのみかん箱よりふた回りくらい大きめの黄色いプラスチックの箱に入れて、その日のうちに作業の発注元へ届けます。○○さんが「三六個！」と言うのは、今日皮をむいた甘夏みかんの数がそのコンテナで三六箱分というわけです。

こうして利用者が自分の役目をきちっと毎日繰り返すことこそ、利用者の安心と精神の安定につながるのです。ですから、私は返事をする時に、「今日もご苦労さま。知らせてくれてありがとう」という思いを表情や言葉でしっかり伝え、その気持ちを受け止めます。

ちなみに、最近は以前に比べてかなりコンテナの数も増えてきました。作業台の配置の工夫や職員の声かけの工夫など、利用者が作業に集中出来やすい作業環境の改善に努力してきた結果でしょう。そう言えばこのところ、報告しに来る○○さんも心なしか得意気です。

七月七日（土）　患者様

何年くらい前からでしょうか、医療の世界では、患者のことを「患者様」と呼ぶようになったようです。医療に関わりのある大会・総会での来賓あいさつや会議や講演会・研修会などでもよく耳にします。そして聞くたびにどこか落ち着きの悪い感覚が走ります。

そんな時いつも思うのです。「患者様」と呼んで患者をお客様として大事にする気持ちがあるのなら、痛がったり苦しがったりしている患者を診察室に来させるのではなく、医師や看護師が患者のところへ出向いて行って診察したらいいのにと。

病院もレストランも同じと考えるなら、そうなるはずです。レストランでは席に座っていればお客の席まで注文を取りに来てくれて、そして注文した料理をちゃんとテーブルまで運んでくれるのです。

ただ「患者様」などと呼び方を変えればいい、というものではありますまい。

八月一日（水）　男前

月曜日の朝、通所してきた○○さんがいつものように園長室まであいさつに来てくれた時のことです。

「お早うございます、園長さん」「はい、お早うございます。今日もよろしくね」「ありゃ、園長さん、散髪行ったんかね」「おー、この前の金曜日に行ったよ」「どこの散髪かね」「□□よ」「あー□□かね。えー男前になったじゃぁ」「!?」

いやー、利用者にはかないません。

八月二九日（水）　保護者の力

先日、何かの折に、ある施設の事務長から「へぇー、さつき園では毎月保護者会をするんですか」という、驚いたような感想を聞くことがありました。

さつき園は毎月保護者会を開いて、毎月保護者からいろいろなことを学び、いろいろなことをお互いに吸収し合っています。職員の中には出来れば保護者とはあまり話をしたくないと思っている者もいるかもしれません。しかし、私たち職員がまず保護者から学ばずに、いったい誰から何を学ぶというのでしょうか。

保護者の有形無形の力がさつき園を支えています。さつき園は利用者の明るさと、保護者の力によって支えられているのです。そして、そうして支えられているさつき園が利用者と保護者を支えるのです。

九月一一日（火）　自由度が低くなっている

障害者自立支援制度になって知的障害の利用者の自由度が低くなっていると、日に日に強く感じます。あるサービスを希望する自由・希望しない自由、ある生活スタイルを体験する自由・体験しない自由、仕事（さつき園で言えば作業）をする自由・しない自由……。それらを選ぶ自由度が軒並み低くなっていると感じるのです。サービスを利用する側である障害者個人の意思や状況を無視した、管轄する側の都合だけで作られた障害程度区分という区分け装置によって、生活が、そして人生がまるであみだくじのように決められていくのです。

ところが、事業者にとっても同様に自由度は低くなっているのです。提供したいサービスはすでにいくつかのあらかじめ決められた選択肢から選ぶほかないような仕組みになっています。しかも、縛りが掛かっていて、それをクリアすることを目標にすべしというのです。それを達成しないと報酬が下げられたりするのです。

このたびの障害者自立支援制度には、管轄する側の「働かない者、働けない者には価値を認めない」という価値観が反映されていると感じます。

知的障害者も事業者も「ぼやぼやするな！　働け！　働け！」と、追いかけ回されているようです。

国に金がないからといって、おざなりの福祉現場意識しかもたないにもかかわらず、病気や障害のある弱い人たちの自由を制限して、その上、働くことや自己負担を強いるような、そんないじめまがいなことをしているのに、「自立支援」といってごまかすことはやめてほしいものです。

一〇月九日（火）　健常者の物差し

現在、さつき園には四八名の利用者が通って来ています。月々の通所率はおよそ九割前後で推移しています。その中で、〇〇さんは週のうち二日ほどの、△△さんは週に一日ほどの通所ペースです。〇〇さんはテレビゲーム大好き人間で、いろいろ言い聞かせてもどうしても夜更かしをしてしまうとのことです。一方、△△さんは家庭の事情でどうしても週一日以上の通所は難しいようです。
すでに皆さんご存知のように、障害者自立支援法では事業者に対するサービス提供報酬は日割り計算になっています。報酬単価×利用者の通所日数によってその月の報酬（事業所の収入）が決まるのです。
そういうこともあってか、時折、〇〇さんの保護者は〇〇さんの通所日数が極端に少ないことを電話口の向こうで気にしておられますし、△△さんは、本人自身がそのことを気にして時々「すみません」と言って来ます。

誰かに気兼ねをして暮らすなんて、どう転んでも豊かな生活とは言えません。

どうして障害者の生活や人生を健常者の物差しで設計しようとするのでしょうか？
○○さんや△△さんが気兼ねなくさつき園に通え、そして気兼ねなくさつき園を休めるようになるといいのですが、果たしてそんな日は来るのでしょうか？

一〇月二〇日（土）　さつき園ふれあい祭りで思ったこと

本日、秋晴れの空の下、一八回目になるさつき園ふれあい祭りを開催しました。

地域の方々、日頃からお世話になっている人、年に一度この日にしか会わない人、いろいろな人が、それぞれの思いを持って園祭りを楽しみに来てくれました。

お世話する側の学生ボランティア・一般ボランティアを始め、演芸コーナーで踊りや歌や演奏を披露してくれる人、さつき園利用者の保護者、そんないろいろな人がそれぞれの思いを持って参加し協力してくれました。こうしたいろいろな人のそれぞれの思いがいろんな形で「さつき園」に集まって園祭りは出来上がります。

ボランティアで来ていた女子高生に「忙しいでしょう？」とたずねると、「はい！　でも楽しいです！」という返事が返ってきました。思わず、その笑顔にこちらもうれしくなります。

そして、こうした体験をしてもらうこともさつき園の小さな社会貢献のひとつと思います。

えらそうに言うつもりはありませんが、皆さんもさつき園のふれあい祭りを体験してください。たった一日のそんな体験からでも福祉を身近に感じていただければと思うのです。

一一月一一日（日）　第三二回周防大島町立大島中学校文化祭

一一月一一日の日曜日、さつき園のお隣りの大島中学校の文化祭が町の文化センターで開催され、職員が引率してきたグループホームの利用者四人と一緒に観覧しました。内容は英語弁論、合唱、学年劇、グループ発表などなど盛りだくさんです。

その中の『意見発表』では、二年生の女子がさつき園のことを話題にして意見発表をしました。テーマは「小さなことから大きなことへ」。昨年、学校の授業としてさつき園を訪問して以来、毎日の行き帰りの利用者とのあいさつや、利用者の畑作業の様子などを見るにつけ、さつき園の利用者が小さなことにでも一生懸命に取り組んでいる姿を見て、自分のことを反省し、障害者に思いを馳せる内容でした。

私は聴いていて目頭が熱くなってきました。一緒にいた利用者もじっと聴いています。あとで聞くと、利用者を引率してきた職員も「もう涙が出そうでした」と感激していました。

一年生は、『総合的な学習（さつき園訪問）』と題して、この秋から始まった月一回のさつき園での授産作業の手伝いでのことや、そのことを通して感じたことをまとめ、班ごとに発表してくれました。生徒の感想の中には、「作業の手伝いは九月と一〇月の二回だけなので、まだ利用者の方と一度も話したことがありません」というのもありました。

いいのです、話なんかしなくても。さつき園に来て、利用者の様子を自分の目で見て、声を自分の耳で聞いて、一緒の時間と空間を過ごし、直接肌で感じてくれればいいのです。そこから理屈じゃない感性や感覚でのお付き合いが始まるのです。頭で考えてする理解や交流といった社交技術など要りません。

さつき園との関わりをこんな形でお返ししてくれて、大島中学校の生徒さんには頭の下がる思いがしました。これからもさつき園は明るく楽しく行こう、と改めて思ったしだいです。

一月七日（月）　風化しない出来事

暮れの三一日から元旦にかけてさつき園のグループホームに泊まりました。

いつもは世話人が通って食事などの世話をしているのですが、今年はどうしても世話人の段取りがつきません。そこで、年末年始を迎えても帰るところのない入居者の○○さんを一人で年越しさせるのはいかにも忍びない、ということで、三〇日、三一日、一日とそれぞれ都合のつく職員が分担して泊まることにしたのです。

年越しのそばも食べました。おかげで、元旦の澄みきった青空と朝日の中、私は○○さんと二人、近くの八幡様で初詣をすることも出来ました。

一緒にいて、いろいろな話をしてくれた○○さん。その心の中には、いまだ消化しきれていないこれまでの人生での恨みつらみの出来事がたくさんあるのだ、ということがよく分かりました。それらの恨みつらみは風化せずにこれから先も◯◯さんの中にずっとあるのでしょうか。ものすごい人生だと思います。風化すればどんなにか楽だろうに……。

一緒に過ごして初めて分かることもあります。寄り添うことの大事なことも改めて実感しました。口だけではない、支えあい、助け合い、お互い様、の福祉を実践したいものです。

二月一八日（月） 車の運転

利用者が園から帰宅する際に終礼を行います。今日、その利用者の終礼の時に車の運転について聞いてみました。さつき園の利用者は全員どこかでさつき園の送迎便を利用しています。「さつき園の職員で車の運転のうまい人は誰かねぇ？」ちょっと間があって、いつも何かにつけて元気に答えてくれる◯◯さんが「□□さん！」と、答えてくれました。続けて△△さんから「◎◎さん！」という声が上がりました。「おー、なるほど、なるほど」と感心する私。確かに、私もそう思っていたのです。利用者もよく観ています。

「運転中に携帯電話をかける職員はおらんかねぇ？」と聞くと、「いませ〜ん」との答え。その返事を聞いて、さすがにほっと安心します。「運転中に携帯電話をする職員がおったらすぐ園長に教えてください」とお願いすると、「はーい」と大勢の声。

「危ない運転をする職員がおったら、すぐ言うてくださいね。うんと叱りますから」利用者はうれしそうに笑っています。

車の運転、つまり利用者の送迎はさつき園の職員の重要な仕事の一つです。それは周防大島という島にあるさつき園にとって大事な生命線です。

だから私は、利用者の安全な通所のために、毎朝の職員朝礼の最後に「今日も安全運転を！」と言い続けるのです。

二月二十七日（水）　宇宙という奇跡

何日か前の新聞で、ハッブル宇宙望遠鏡などの観測により、観測史上最も遠い、地球から一三〇億光年離れた銀河が見つかったという記事を読みました。

小学校か中学校で、光は一秒間に地球を七周半回ると教わったことを思い出します。しかし、一三〇億光年とはどれほどの距離なのでしょうか、想像もつきません。なので、それほど離れているということは、ひょっとしたらないに等しいと言えるのではないか、などとひねくれて考えてみたくもなります。

またある日、テレビで宇宙船からとらえた地球の映像を見ました。地球は暗い宇宙空間に丸く、鮮やかに青く、そして孤独に浮かんでいました。

無から生まれたという宇宙自体の存在も、その中の小さな小さな私たちの棲む地球の存在も、奇跡の存在としか言いようがありません。そして、この私たちの存在もまた奇跡です。

その『存在の奇跡』を実感して、ではどう生きるか。それが科学を始めとする文化文明がここまで発達してきた、現在に生きる私たち一人ひとりに問われています。

そういう視点からも福祉を考えていきたい、と思うのです。

三月一一日（火）　卒業式に思う

その一「背筋を伸ばして」

先週の土曜日、お隣りの大島中学校の第五五回目の卒業式（正式には卒業証書授与式）に来賓として出席させていただきました。来賓の紹介を受けたとき、「おめでとうございます。お世話になりました」とお礼を述べました。

印象的だったのは、卒業生の中の一人の女子生徒が椅子の背もたれに背中をあずけることなく、背筋をぴんと伸ばして腰掛けていたことです。式の中で何度か卒業生の「起立！」「着席！」がありましたが、その生徒の背筋を伸ばして腰掛ける姿勢は少しも変わりません。

その姿を見て、来賓席の私も思わず居住いを正したしだいです。

しかし、その生徒さんもさすがに感極まったのか、卒業生代表の答辞が始まると、うつむいて涙をぬぐっていました。

私にとって印象に残る卒業式となりました。

その二「教育の中の福祉の出番」

今日、岩国養護学校の卒業式が行われ、来賓として出席して来ました。卒業生は小学部五名、中学部七名、高等部一〇名の計二二名です。

昭和五四年に養護学校が義務化されてから、すでに三〇年近い年月が経ちます。その間、養護学校教育はどのような進歩、発展を遂げてきたのでしょうか。「こんな子に教育なんて！」と言われた時代から、今や養護学校ではマンツーマンに近い教育が実践されているように聞き及びます。

教育はすべての要です。あだやおろそかにその場しのぎの、あるいは独りよがりの指導、訓練をされては困ります。小・中・高の一二年間のその子への教育をどうするのか。言葉は悪いですが、その子を生かすも殺すも教育の在り方しだいなのです。

教育を軽く考えてはいけない。「教育は時間」です。適切な時期に、適切な教育を、適切な期間だけ施すことが肝要です。そして、教育する立場の者は一〇年後、二〇年後を見据え、時間をゆっくりと捉えることが望まれます。

岩国養護学校の卒業生二二名の中の、特に高等部卒業生一〇名のこれからが心配です。学校教育や家庭教育の中に福祉の出番を求めたいと思います。

平成二〇年度

四月三日（木）　手紙

　利用者の中には、園長の私に手紙をくれる人が何人かいます。毎日のようにくれる人、一週間に一通くらいのペースでくれる人。思い出したようにひょこっとくれる人など、様々です。

　今日、ほんとに久し振りに○○さんが手紙をくれました。新聞のチラシの裏にサインペンで几帳面に書かれた文字がびっしり並んでいます。

「今日は、二〇〇八年平成二〇年四月三日（木曜日!!）今日の天気は（晴れ!!）今日は、PM昼食食事が終わった後は、一番ラストに美味しかったですかって聞きますのでどうぞ宜しくお願い致します!!　職員は、古川英希園長さんと、主任指導員の□□さんと、事務員の△△さんと、指導員は、◎◎さんと、▽▽さんと、☆☆さんと、……、……、……（全職員の職名と氏名が続く）と、全員で一緒にPM昼食食事が終わった後は、一番ラストに私が美味しかったですかってその当りに聞きますのでどうぞ宜しくお願い致します!!　その代わりにくれぐれも言い返さないように間違いないように忘れないようにどうぞ宜しくお願い致します!!　私が古川英希園長さんのつくえの上に置いときます!!　○○」

　読んでいたら、○○さんが園長室のドアの隙間からちょっと顔をのぞかせて、ニヤッと笑っていました。園長室の書棚には、こんな宝物がたくさんしまってあります。

四月八日（火）　兄弟姉妹の思い

さつき園では、財団法人日本知的障害者福祉協会発行の『さぽーと』と社会福祉法人全日本手をつなぐ育成会発行の『手をつなぐ』、そして社会福祉法人全国重症心身障害児（者）を守る会発行の『両親の集い』などの月刊誌をそれぞれ毎月購読したり、寄贈を受けたりしています。『さぽーと』の読者は主に知的障害者施設関係者、『手をつなぐ』の読者は主に知的障害の子の親・家族、『両親の集い』は主に重症心身障害の子の親・家族、重症心身障害児（者）医療・教育・施設関係者です。

最近発行された『両親の集い』二〇〇八年三月号（六一四号）を是非お読みください。そこには「平成一九年度兄弟姉妹支援事業」という事業に寄せられた、心身に重い障害のある児・者の兄弟姉妹の人たちが書いた作文一三三編のうちの一四編が紹介されています。

障害児・者の親の人たちの声や気持ちを聞く機会はありますが、兄弟姉妹の人たちの気持ちを見聞きする機会はさほど多いとは言えません。読んでいくと自分の弟や妹、あるいは兄や姉が障害児・者だという人の思いがずっしりと伝わってきます。他人に読まれるのを前提に書かれた作文ですので、本音はもっと生々しいのかもしれませんが、それを割り引いて考えても是非とも読んでいただきたい内容です。

いくつかを抜粋してご紹介すればよいのでしょうが、小学一年生から社会人までの兄弟姉妹が書かれた文章は、どれを抜粋すればいいのか迷うほどの、いずれも深く考えさせられる内容のものばかりです。

発行元の「社会福祉法人全国重症心身障害児（者）を守る会」の連絡先をご紹介します。

〒一五四―〇〇〇五　東京都世田谷区三宿二丁目三〇番九号

電話　〇三―三四一三―六七八一　FAX　〇三―三四一三―六九一九

一冊三五〇円です。是非、お読みください。

四月一四日（月）　園旅行で思ったこと

一泊二日の園旅行に利用者・保護者・職員の総勢六九名で行って来ました。

昨年の園旅行では、初めての参加で、しかも保護者が参加しなかったせいか、夜になると泣いてしまっていた〇〇さん。何と、今年は夜の宴会でステージに上がり、一人でカラオケを歌いました。

また、同じように昨年初めて参加した□□さん。隣りの人の飲み物を取り上げては飲んでしまったりしていましたが、今年はそうしたこともなく過ごしました。

保護者の中には、昨年に比べて今年は歩行がなかなかスムーズにいかなくなってきた方もおられました。それでも参加していただき、ありがたいことです。見ると、利用者である娘さんの左の肩に右手を置いて、娘さんを杖のように頼りにして歩いておられます。「この子を頼りにするようじゃぁいけませんねぇ」と言いながら、歩いておられました。

一年の時が経つということは、そういうことなのです。

楽しい園旅行だったとは言いながらも、若い利用者のゆっくりではありますが成長する姿や、高齢の保護者のゆっくりではありますが衰えていく姿、私たちはそういった利用者・保護者の大小の変化を見逃すことなく、これからのさつき園の日々の支援に生かしていかねば、と思います。

四月一九日（土）　誕生会でのひとこと

先日、四月の誕生者を利用者・職員みんなでお祝いしました。

お祝いの最後に、誕生者に順番にひとことずつ今の思いを語ってもらうのですが、そこで、四人の誕生者の中の一人、○○さんが思いもかけぬことを言いました。

体は小さい○○さんですが、よく通る大きな声で「一生懸命作業します！」と言ったのです。それを聞いて私は思わず、「ホンマかいな？」と返しました。だって、○○さんが作業をしている光景をここのところずっと目にしたことがなかったのですから。ほかの利用者も職員もみんな同じ思いなのか、「えーっ⁉」と声を上げて笑っていました。○○さんの『ほんとは作業をちゃんとしたいんだ！』という気持ちがずんと伝わってきた瞬間でした。

四月二三日（水）「読み捨てる」情報について

例えば新聞。私はひと通り読み終えた朝刊を二度繰り返して読むことはまずありません。

新聞の記事や論説等を書く人は、時間をかけて知力・体力をフルに使って、伝えたい内容をまとめ上げているのだと思います。なのに、私は一度読んだら、もう二度と再び読み返すことも、見返すこともしないのです。

月刊誌や単行本等の書籍についても大概は一度読んでしまえばもう終わりで、二度、三度読むことはまれなことです。言葉は良くないですが、「読み捨てる」「見捨てる」ということを当たり前のようにやってきています。皆さんはいかがですか？

今、私たちには日々、新聞やテレビなどから膨大な量の情報が届けられます。けれど、その中のほんのわずかな情報だけがたまたま私たちの目に触れ、瞬間輝き、あとは洪水のように流れ去っていくのです。しかし、発信者は受け手の目に触れるその一瞬にかけて、情報を投げかけているのです。大半が徒労に終わる空しい営みかもしれません。

翻って、障害者福祉に携わる私たちも、私たちの様々な思いや考え、直面する課題を多くの人々に思考してもらうために、怯むことなく、臆することなく、来る日も来る日も世界に向けてそれらを情報として、あらゆる手段を駆使して発信し続けねばなりません。たとえそれが空しく徒労に終わっていくとしても。

いったん読み捨てられた、あるいは見捨てられた情報をリサイクルする仕掛けや仕組みを、誰か発明してくれないものだろうか、と戯れに思ったりします。

五月一三日（火） 帰園

利用者がさつき園にいる時間帯に出張先から園に帰ってくると、そりゃーもうたいへんです。今日はちょうど午後の作業が終わりかけていて、みんなで掃除をしようかという時間帯に園に戻りました。

「園長さん、お帰り！ 出張行っとったんかね」「山口？ 山口は遠いんかね？」「出張ご苦労さんじゃねぇ。よう頑張るじゃー」「お帰りなさい。終礼に間に合うたね」などなど、もう掃除もそこそこに大勢が声をかけてくれます。中には、目が合うと手を上げて応えてくれる利用者もいます。

「出張ご苦労さんじゃねぇ。よう頑張るじゃー」なんて言われてごらんなさい。もう返す言葉もありません。

『あー疲れた』なんて、呟いている場合ではないのです。

五月二〇日（火）　けんかがありました

利用者の終礼の時、突然、利用者同士のけんかがありました。言った、言わないの言い合いでしょうか。〇〇さんが感情が高まってしまい、大声を上げたようです。職員が気が付いて中に割って入ります。それでもなかなか〇〇さんも相手の△△さんも興奮が収まりません。

さつき園ではたまにこうした利用者同士のけんかが起こります。原因はいろいろです。そんな時は、お互いの言い分をよく聞いて、最後はお互いに謝るようにしてもらっています。そりゃ、誰だってけんかもしますし、泣きもします。大声もあげれば、笑いもします。それが生きているってことでしょう。

日頃から、「仲良うせんにゃいけんよ」とは言いますが、腹の虫が収まらない時があるのは誰も一緒です。まして、人生これまでいろいろな経験をしてきている利用者にしてみれば、ちょっとしたきっかけで過去の嫌な出来事が突然フラッシュバックすることもあるのではないでしょうか。そうした利用者を見ると辛くなります。

過去は取り替えられません。だから、せめてさつき園にいる時くらいは、時にはけんかをしてもいいから、おもしろおかしく、楽しく、元気に過ごしてほしいと願うのです。

六月五日（木）　職員の力

やはり福祉は職員の力がものを言います。

このところのさつき園の農耕班の頑張りには頭が下がりっぱなしです。

「もんぺをはいて頑張れよ」と悪たれをつく園長を尻目に、それまでは周囲から「これでも畑？」と皮肉を言われ続けていたさつき園の畑が、誰が見ても「おー、畑だ！」というほど立派な畑に生まれ変わりました。整然と畝が並び、青々とした葉があちこちで風に揺れているのです。

管理機を操るなどしながら利用者と畑の世話をする職員の姿を園長室の窓から見ていると、しみじみ思わされます。

「やはり、福祉は職員の力がものを言う」と。

こういう職員と利用者のために園長はあるのだ、と実感します。私も悪たれをつくばかりではいけません。

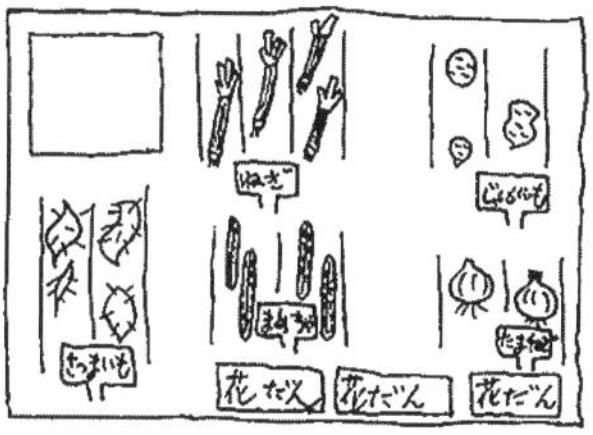

六月一三日（金）　プライドはないのか

何日か前に、サッカーワールドカップアジア地区予選日本代表チーム岡田ジャパンの試合をテレビで見ました。いわゆるアウェーでの戦いで、しかも夕方になっても気温が四〇度に近いというたいへんな気象条件の中での試合でした。試合前のアップの時から選手はもう汗だくです。

一対一の同点で迎えた後半。

日本代表チームの選手の一人と相手チームのキーパーとが、二人ともボールを追って滑り込んでいたので激しくぶつかり合ったのです。ことはそのあとで起こりました。

倒れこんで起き上がる際に、何とその日本選手は起きると見せかけてキーパーの腹か胸あたりを足で蹴ったのです。それも、自分が起き上がるのにいかにも自然にそうなったように見せかけたのです。なぜ、私がそう断言するかと言うと、起き上がろうとする時、彼の視線が一瞬キーパーの体の位置を確認したのを見たからです。誰も気が付かないだろうとでも思ったのでしょうか。馬鹿な！

当然、キーパーは怒り、小競り合いになって、両チームの選手たちが集まって来ました。

しかし、レフリーはしっかり見ていたのか、その日本代表の選手に毅然とレッドカードを示しました。示された彼は「どうして？」という表情を作っていますが、認められません。キーパーからお返しに下腹部を蹴られた彼は、痛そうにしながら担架で運ばれて退場して行きました。

同情の余地はありません。いやしくも日本代表を張っているからにはうそをついてもらっては困ります。しかも、サッカーワールドカップアジア地区予選です。恥を知れ！と叫びたい思いでした。

そんな小賢しいプレーをして、プライドといったものはないのか。いったい誰にほめてもらおうというのか。誰が喜ぶというのか。己の人間性が下卑ていることを自ら証明している、その阿呆さ加減にびっくりです。もっと自分の技量と精神を磨いて、人間としてのレベルを上げることにまじめに取り組んでほしいものです。

誰も見ていないところでこそ、その人間の本性が出ます。知的障害者と一対一の時、そして周りに誰もいない時、その職員の本性が出るのです。誰にも知られないだろうと思うのでしょうか。とんでもない。目の前の知的障害の彼・彼女が、されたことをしっかりと体と心に刻み込んでいます。

斯く申す私も、自省の毎日です。

六月二五日（水）　臓器提供意思表示カード

私は一〇年前の誕生日に臓器提供意思表示カードの1・2の欄のすべての臓器に丸印を付けました。そして、以来、そのカードを財布に入れていつも携帯しています。

私は人間を「類」として考える傾向が、ほかの人に比べて強いと思います。生、死、人間、人生などを考えたり思考したりする時には、多くの場合「人類の中の一人としてどうか？」という視点に立っています。地球に棲む多くの種類の生物、その中の人類、の中の一人の人間である個としての私、……と考えていくのです。

臓器提供に関してはどんな抵抗もありません。死ねば死にっきりなのです。私の臓器がほかの人類の仲間としての誰かなのかは知れないけれど、その人の役に立てば、人類の一員として生まれ、生きてきた甲斐もあろうかというものです。

そういう思いを持って、私は三〇数年、福祉を仕事としてきました。

今日、財布を手にした時、たまたまこのカードが目に留まったので思いを綴ってみたしだいです。

七月三日（木）　せめて五年先、一〇年先を考えて

時代は、個人としても、地域社会としても、国としても、世界としても、そして地球規模でみても、安心と喜びあるいは安心と安全からはほど遠い時間と空間の中で生きることを私たちに強いています。どうしてそんな時代になってしまったのでしょうか。今や、三代先のことを考えて今を賢明に生きていこうなどという人はいないのかもしれません。私たち人類は、地球を食べ尽くし、過去を食べ尽くし、食べるものがなくなって、とうとう未来をも食べ尽くそうとしています。

そんな時代にあって、福祉はいったいいつになったら政治と経済に翻弄される宿命から脱却出来るのでしょうか。今もさつき園の厳しい状況を打開する光明は見えません。果たして、関

係者によって叫ばれている障害者自立支援法の抜本的な見直しはどこまで実現するのでしょうか。そして社会はそれを後押しするでしょうか。語る未来が見つからないまま、私たちは保護者の有形無形の支援と地域の暖かい眼差しを力と頼って、三代先とまではいかないまでも、せめて五年先、一〇年先を考えて利用者支援に地道に取り組んでいくほかないと、腹を括らざるを得ないのです。

七月七日（月）「タバコやめたんよ」

少し前になりますが、〇〇さんが「園長さん、タバコやめたんよ」と言いに来ました。

「えっ、ほんまかい！」私は思わず、大きな声を上げていました。

ずいぶん前から〇〇さんには、「はあー、タバコやめんさい。健康に悪いし、お金ももったいないじゃろう」と、何かにつけて声をかけていました。そのたびに、〇〇さんは「いいや、やめん！　やめません！」と頑固に言い張っていました。

私も一〇年くらい前にタバコをやめました。私の場合は、今日からやめようと思った日からパッとやめました。しかし、世間ではなかなかタバコはやめられないとかで、あの手この手の禁煙対策、禁煙方法があるようです。

聞くと、○○さんは吸いたくなったらニッキ飴とかをなめることでやめられたのだと言います。それと、利用者の□□さんが入院したことも関係があるようです。ポツリと、「□□さんのように入院しとうないけぇーねぇ」と呟きました。

いやー、それにしてもびっくり！　いやー、驚いた。○○さんの本気度に感心しました。脱帽！です。

八月七日（木）　身だしなみとあいさつ

○○さんは、さつき園を退園して、何とか就職したいと願っています。でも、私から見て、○○さんの服装はとても人に良い印象を与えるものとは言えませんし、その言葉遣いやあいさつの仕方も心配です。ぞんざいな言葉をつい喋ってみたり、あいさつもぼそぼそとした小さい声で、したりしなかったり……。

ですから、就職したいならまずそういうことからちゃんとしようと、「身だしなみをちゃんとしよう」「言葉遣いに気を付けよう」と折に触れ、言ってきました。○○さんは「はい、分かりました」と返事はしてくれるものの、その努力は一向に長続きしていません。

ところが、ところが、です。

先日、園長室に顔を出した○○さんがこう言うのです。「園長さんが言いよったように身だしなみは大事なんじゃねー」「あいさつや言葉遣いもちゃんとせんといけんのじゃねー」と。

まじめな顔でそう言うのです。びっくりしました。

「どうしたんかね？」と聞くと、手に持っていたハローワークの求人情報のチラシを見せてくれました。そこには柳井・大島圏域の求人情報が掲載されていたのですが、欄外に『面接のときは』という見出しで、面接の際の注意事項が書いてあったのです。

曰く〝身だしなみに十分気を配って、清潔な服装を心がけましょう〟

曰く〝あいさつはていねいに〟

次の日から、○○さんは服装の乱れを気にするようになりました。私の前だけかもしれませんが、下着のシャツがはみ出しているとすぐにズボンに入れるようになったのです。

身近な人からあれこれ注意されてもさほど効き目はないけれど、思いを寄せる人からのひとことは胸に響く、あれと一緒ですね。○○さんの努力が身に付くことを願っています。

八月二一日（木）　行方不明

先日、グループホームに住んでいる○○さんが行方不明になりました。

何時間もの捜索の結果、グループホームから遠く離れた実家にいるところを発見しました。
○○さんの両親はすでに亡くなっておられ、実家は長年無人の空き家になっており、とても住める状態ではないのです。それでも実家がいいのでしょう。荒れた実家の居間にじっと座っていたということです。日頃はそんなことはひとことも口にせずにみんなと一緒に生活していますが、心の奥ではいつも実家のことが気になっていたのでしょうね。

職員の運転する園の車でグループホームに戻る○○さんを途中で待っていました。ドアが開くと同時に「おい、どうしたんやぁ。心配したんどー」と声をかけると、どこかで転んだのか顔に怪我をしていた○○さんは「園長さん、わしゃー墓参りもせんにゃぁいけんのんよー」と、私に叫ぶように訴えるように言いました。

そう言われて、この夏は事情があってお盆の墓参りが出来ないでいた○○さんの、「実家に帰って墓参りがしたい」と言うその熱い気持ちに思いが至らなかったことに、私はそのとき初めて気が付いたのです。うかつでした。

そして、いまさらながら「実家」や「墓」というものの持つ意味やその存在の重さ、大きさについて考えさせられました。それらは○○さんに限らず私たちにとっても、単なる空間や物体ではなく、日頃の生活の中で意識しようがしまいが、想像もつかぬほどの大きな存在なのかもしれないのです。そこには自分自身にとってかけがえのない、大事な自分だけの固有の時間が流れており、安心して「自分は自分である」ことを実感することが出来、自分自身を解放することが出来る場所なのではないでしょうか。
○○さんにはいろいろなことを考えさせられ、教えられました。
しかし、それにしても○○さんが無事に見つかってよかった‼　ほんとうによかった‼　何より○○さんの元気な姿を見て、みんなで安堵の胸をなで下ろしたしだいです。

九月三日（水）　よだかの星

ちょっとした経緯で、宮沢賢治の『よだかの星』を何年か振りに読むことがありました。『よだかの星』は、私が教師を志望していた三〇数年前、母校の中学校で教育実習をさせていただいたときの国語科の教材でした。短編でしたが、四苦八苦して教壇に立っていたことを思い出します。

醜いよだかはみんなから嫌われ、相手にされず、とうとう生きることに絶望し、夜空をどこまでもどこまでも高く高く真っ直ぐに飛び続け、やがてその体は青白く燃え上がり「よだかの星」となる、というお話です。

ところが、その『よだかの星』は今では学校の教科書から排除されているというのです。排除されたのは、醜さと差別意識が結びついてしまう、などといった理由からだそうです。三〇数年前にはそんなことは思いもしませんでした。敢えて言えば、差別を否定し、差別する側よりも差別される側に立った、あるいは差別される側に思いを寄せた理解をしていたように思います。

いつ頃から教科書に採用されなくなっていったのか、はっきりとは分かりません。けれども、知らぬ間に、この社会では徐々に、たとえば健康的なもの、たとえば強いもの、たとえば速いものこそに価値があり、それらこそ存在する意味があるという価値観が、私たちの無意識の心の内側にはびこってきてしまっているようです。

「……。そしてよだかの星は燃えつづけました。いつまでもいつまでも燃えつづけました。今でもまだ燃えています。」

『よだかの星』を書いた宮沢賢治の思いはどこにあったのか、到底、私などが思い至るところではありませんが、今日のように数でしか動かない政治、欲でしか動かない経済、あるいは合理性や効率化といったことで押しまくる社会にあって、福祉に携わる者の人間観や価値観も大きく揺らぎ始めているように思えます。

そんな情況の中、もし今一度、私が教壇に立つとしたなら、いったい私は子どもたちに『よだかの星』の何をどう語ればいいのでしょうか。

九月七日（日）　小さなファン

こんな私にもファンがいました。それも小さな女の子のファンがいました。もちろん、一人で勝手にそう思い込んでいるだけかもしれませんが……。

彼女とは少し前にさつき園でお会いして、ひとことふたことお話しただけなのです。が、なんと驚いたことに、先日、その彼女から私宛てにお手紙（ファンレター？）が届けられました。見るとそこには、黄色とオレンジ色とピンク色のいくつもの線が丘の連なりのように紙一面に伸び伸びと描かれていました。文字は書かれてありません。彼女はまだ文字が書ける年齢ではないのです。

話によれば、彼女は毎日「今日は園長さん来た？」とたずねるのだそうです。こんな私のことを毎日気にかけてくれるなんて、もう私のほうがファンになりそうです。

『☆☆ちゃん、またお手紙くださいな。園長さんは待ってますよ』

小さなファンに愛想をつかされないように努力せねば‼と、心ひそかに誓うものです。

九月一九日（金）　ミシン

さつき園にはミシンが三台あります。中には保護者からの寄贈のミシンもあります。

今、そのうちの一台が男性利用者の〇〇さんによって稼働しています。

昨日、じっくりその操作振り、作業振りをそばで見させてもらいました。私がそばで中腰になって見始めたので、最初はやや集中を欠いたようでしたが、すぐにその様子は消えました。

細い指先で細長い布に器用に折り目を付けて、ミシンをかけていきます。〇〇さんはひとことも発しません。ゆっくりミシンの針先が上下する音がするだけです。

ミシンは〇〇さんの性格そのままに、やさしくやさしく布を縫っていきます。ミシンを止めて、糸を切って、また折り目を付けて、待ち針を打って、ゆっくりゆっくりやさしくやさしく縫い合わせていくのです。

これは、日頃から利用者をじっくり見ていた職員と、〇〇さんに操作方法をじっくり教えたお母さんとの連携の賜物と思います。

何を作っているのかは、企業秘密？です。ミシンを使うのが難しい□□さんや△△さんは糸と針で手縫いするのですが、それらの製品の出来上がりも見事なものです。

利用者に可能性を感じ実践に向けて努力した職員の感性と意欲に、そして保護者の熱意に感謝、脱帽するばかりです。

九月三〇日（火）　いかがなものか？

ある人が利用者の苗字ではなく名前のほうを呼び捨てにしている場面に出くわしました。ずっと以前からその利用者のことはよく知っており、利用者もその人のことを知っているようでした。

「おい、□□！　元気でやっとるか！」と聞かれて、○○さんも「うん、元気でやってます」と、嫌な顔も見せずに返事をしています。

名前を呼び捨てにされた○○さんの表情が変わらない（心の内は分かりませんが）ということは、おそらく数十年前だと思われる二人の出会いの当初からずっと、一方はそう呼び、もう一方はそう呼ばれつけていたのだと想像します。その人は○○さんと久し振りに会って、以前のように名前を呼び捨てにすることで親しみを表し、ほかの誰よりも○○さんとの関係が古く、また深いものであることを周囲に知らせているつもりなのでしょうか。

しかし、親が自分の子の名前を呼び捨てにするのならともかく、どんな関係にしろ、二人だけではない場面で、赤の他人が人の名前を呼び捨てにしてはいけないでしょう。まして、〇〇さんはすでに五〇に近い年齢になっているのです。

たまたま居合わせて聞いてしまった私としては不愉快極まりないものがありました。

本人が嫌な顔一つしないからといって、知的障害者の人生や人格を侮ってもらっては困ります。

一〇月二日（木）　愛すべきこだわり

九月二八日の日曜日、岡山市の「桃太郎アリーナ」を主会場にして「第四八回中国地区知的障害関係施設親善球技大会」が開かれました。立場上、私も当日は大会に出かけて来ました。ソフトボール、フットベースボール、バドミントン、卓球、フライングディスク、そしてボウリングの、全部で六つの競技（競技によっては男女別、あるいは年齢別も行われます）に中国五県から代表選手二二一名が参加しました。監督や引率者も含めると総勢二八一名の参加です。

その時、たまたまソフトボール会場で目にした光景が忘れられません。あるチームのライトを守る選手。彼は、自分の守備範囲にフライやゴロ

が飛んできても全く動こうとしないのです。ただただグラブを持って立っているだけで、ボールの行方にはわれ関せずで、手や足はもとより顔も動かしません。だから「あー、人数が足りないので、仕方なく数合わせで出ているんだな」と、私は独り決めして試合を観戦していました。

ところが、その選手の真正面にゴロが転がった時のことです。「あー、また立ったままか」と思った瞬間、何と！　さっとグラブを差し出してすばやくゴロをすくうと、何のちゅうちょもなく一塁手へ送球したのです。判定はセーフでしたが、もう、びっくりしました。しかも、送球した後はもう何ごともなかったかのように、また突っ立ってしまっているのです。それを見て、私は二度びっくりしてしまいました。

センターを守る選手は大変です。ライトのその選手の真正面以外に飛んでいくフライやゴロの打球はすべて自分が処理をしないといけないのですから。しかし、見ていると当たり前のようにそうした守備を行っています。不満そうな素振りなどまったく見せません。

愛すべきこだわり！　愛すべきチームプレイ！

観戦後、さつき園でもソフトボールをやってみたくなっていた私の心は、その日一日、久し振りにほぐれっぱなしでした。

一〇月二九日（水）　返事は「はい！」

概して精神的に幼い利用者はうなずく時には、あごを上げて「うん」と言いがちです。

「〇〇さん、お母さんは元気かね？」「うん」

「時間がとれたら保護者会に来てくれるとうれしいんじゃがなー」「うん」

「忙しいんじゃろうのうー」「うん」

「こりゃ！　何でもかんでも返事は『うん』かい！」「うん」

これを「もう子どもじゃないんじゃから、返事は『はい』と言わんかい」と、ちょっと乱暴に教えました。しかし、〇〇さん、なかなか直りません。油断していると、つい「うん」と言ってしまっています。

私が「『うん』じゃない、『はい！』」と言うと、ニヤッと笑って「はい！」と言い直します。

言葉遣いは意外に大事で、見事に精神状態を表します。言い回しをよく聞いていると、何を思っているのか、どう感じているのかがよく分かります。それは保護者でも職員でも同じです。

ふだんは結構くだけた話し方をしてしまっていますが、親しき仲にも礼儀ありで、利用者に対してていねいな表現で話しかけ続けると、きっと利用者は今よりももっと大人びた言動を身に付けると思いますが、いかがでしょうか？　頭では良くないと思っていても、無意識の内に利用者を子ども扱いしてしまっている、と反省します。

一一月四日（火）　園祭りの楽しみ

園祭りには普段は会えない、いろいろな人がやって来ます。今年もそうでした。さつき園から他の施設に移っていった利用者。保護者会は毎月平日に開かれるのでなかなか出席できない保護者。職員として勤務していた人。実習で関わりのあった学生。以前、このホームページを見たのをきっかけにやって来る若者……などなど、皆さん「お久し振りです」と言いながら、笑顔でご来場くださいます。

中でも今年はこんな人も来てくださいました。

先月の下旬、ある総合支援学校の情報交換会に出向いたときに「一一月一日はさつき園の園祭りですので、よろしかったらどうぞお越しください！」と宣伝したことに、ちゃんと反応してもらった保護者の方が息子さんと一緒に、はるばる園祭りにお越しくださっていました。「園長さんが園祭りの紹介をされていたので、来てみました」「予想以上の大勢の人でびっくりしました」などとおっしゃっていました。いやいや、結構遠いのにほんとに来てくださるなんて、こちらこそもうびっくりです。

実は、先月の保護者会の時に「その学校の会合に行く予定」と言ったら、「園長、行くんだったらさつき園の園祭りの宣伝もして来んさいよ」と保護者から言われていたのです。

そう言ってくれた保護者も保護者、そして私の話を聞いて園祭りに来てくれた保護者も保護者。まったく、保護者には感心させられます。ありがたいことです。

一一月二六日（水）　福祉の宿る瞬間

私の手帳に昨年の七月から挟んでいる、お茶の紙パックに印刷された小学生の俳句の切り抜きがあります。それはある飲料メーカーが募集した新俳句大賞の応募作品の中から、小学生の部の大賞に選ばれた俳句です。

しんしんとふる雪ぼくにも弟にも　（福岡市一一歳）

読んだ瞬間、私は何も言うことはありませんでした。言葉が見つからなかったのです。『しんしんとふる雪ぼくにも弟にも』
それは福祉の宿る瞬間です。
情景が目に浮かび、少年の思いが伝わってきます。

今度は詩です。
今年の七月、読売新聞に載った詩です。作者は小学二年生です。これも手帳に挟んでいるものです。

本

本をよんで
なきそうだった
そのおはなしは
お母さんが
お兄ちゃんしか
ほめないおはなしです

読んだ瞬間、私も泣きそうでした。
少年たちは、大人たちの中で、こうした感性を抱いて生きているのです。
それは福祉の宿る瞬間です。

一二月八日（月）　プライドと志

「安全を本当に支えるのは監視システムでも、運転規則でもなく、技術者たちのプライドと志なんです」

これは、昨日目にした、日本のある業界の責任者の言です。

即座に「利用者の豊かな人生を本当に支えるのは個別支援計画でも、支援マニュアルでもなく、職員たちのプライドと志なんです」と言い換えてみました。

あなたに、プライドと志はありますか？

いや、その前に、この私にプライドと志があるのか？

ふと、目にしたその言葉が昨日から頭の中を巡っています。

一二月一八日（木）　運命

日曜の午後、ＦＭラジオを聞いていました。

ある番組で、あるリスナー（生後五ヵ月の赤ん坊を残して奥さんが亡くなってしまわれたご主人）からの投書を読んだそのパーソナリティーが言いました。

「運命に立ち向かってください」

当事者に孤独を強いる厳しい表現にもかかわらず、優しさあふれるその語り口が私の胸に響きました。

私たちはみんな、大人も子どもも誰もかれも、人には見えないところで密かに一人ひとりそれぞれの運命に立ち向かっています。運命に抗うことも、運命を受け容れることも、それらはすべて運命への孤独と勇気の闘いの形です。その投書の主とまだ生まれたばかりの子どもさんの人生に幸多かれと祈らずにはおられませんでした。

翻って、さつき園の利用者が〝知的障害者を生きる〟その姿を見るとき、私はいつも「おい、頑張れよ！」と胸の奥で声にはならない声をかけてしまいます。彼らの明るい笑顔は、まさしく「運命に立ち向かう」姿そのものと思うのです。

一二月二五日（木）　未熟者

ビンや缶や箱のふたをしっかりと閉める。ドアは静かに開け閉めする。トイレのスリッパはきちんと揃えて脱ぐ。あいさつ言葉は相手の目を見て言う。ゴミは出来るだけ嵩《かさ》を小さくして、ゴミ箱へ捨てる。道具はていねいに使う。使った道具や備品は元の場所へ戻す。受話器はていねいに置く。物を壊したら直す。せきやくしゃみをする時は掌で口元を覆う、新聞はきちんとたたむ、……などなど。

これらはすべて他人を意識することから生まれる動作です。他人を意識せずに動作しているうちは、つまり自分の動作が客観的に見えていないうちは、社会人として未熟者と言われても仕方ありません。

私たちは日常のこんな些細な動作をいくつもいくつも積み重ねる中で、社会の中で他人との信頼関係を作り上げていきます。働くとは他人のために己の心身を活動させることです。

さつき園の利用者は、朝通所して来ると、ちゃんと私たちの顔を見て目を見て、大きな声で「お早う！」「お早うございます！」と言います。それを聞くと、いかに未熟者の園長でも「今日も頑張ろう！」と思うのです。利用者に働かせてもらっています。利用者に働く意味を教わっています。

一月七日（水）　棺に入った箸置き

周防大島生まれのその人は半世紀以上にわたる人生の大半を
島から遠く離れたある県で過ごしました
周防大島をこよなく愛したその人はいくたびも生まれ故郷を訪れました
楽しみは帰郷するたび妹さんと連れ立って島のあちこちを巡ること
ところが二年と少し前それが最後の帰郷になってしまいました
周防大島をこよなく愛したその人は昨年の暮れに亡くなりました
妹さんはお兄さんが懐かしがって喜んでくれるだろうと
大好きだった周防大島のその島の形をした箸置きをそっと棺に入れました
きっと兄も喜んでいてくれるでしょう……
あの箸置きがあって良かった……

その箸置きはさつき園の陶芸班が作る箸置きだったのです。
聞いていて、胸が熱くなりました。

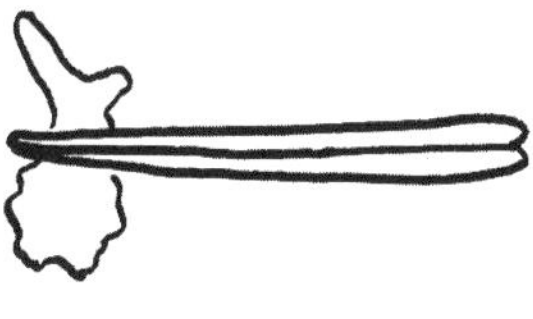

一月二〇日（火）　水

古びた応接セットに書棚に事務机、そしてあちこちに積まれた書類にファイル、パソコン、段ボール……などなどが雑然と置いてある園長室。今、その中に置かれている小さな金庫の上に赤い花をつけたシクラメンの鉢があります。赤い花は四〇ほども咲いています。

休日明けの昨日の朝、出勤してみるとシクラメンは四〇数本の茎すべてがだらりと力なく鉢の外へ垂れ下がってしまっていました。しかし、部屋が寒いことに気がいっていた私は「あー、もう枯れるんだなあ」と独り決めして、朝の掃除の準備に入りました。

そこへ職員がやって来て「お早うございます」と言うなり、シクラメンを見て「ありゃ、水がないんですね」と言って、ひょいと鉢を持ち上げて出て行きました。水を遣りに行ったのでしょう。

午後、電話をかけ終わって何気なくそのシクラメンを見た私はびっくりです。四〇数本あるすべての茎が一本一本ピンと伸びて、まっすぐ天井に向かって赤い花を持ち上げているのです。朝あんなにしょげ返っていたシクラメンが見事に復活していたのです。

花を育てるには水を遣らねばならないことは知っています。しかし、水を遣ってこれほど

までに復活した花を目の当たりにしたことは、これまでありませんでした。「おー、すばらしい！」思わず声が出ていました。

水は大事なのですね。

あなたにとっての水とは何ですか？

私にとっての水とは何なのでしょうか？

そして、さつき園の利用者にとっての水とは何でしょうか？

知的障害者にとっての水とは何なのでしょうか……？

二月一〇日（火）　公衆トイレ清掃

さつき園では、地元の周防大島町から請け負った町内の二か所の公衆トイレの清掃を○○さんにお願いしています。そして、○○さんにはその都度、作業日誌を付けてもらっています。

残念なことに、日誌の「連絡事項」の欄には連日、『トイレがきたなかった』『トイレットペーパーがちらかっていました』『たくさんよごれていました』『もうちょっときれいにつかってほしいとおもいました』などのほか、ここにはとても書けないような内容の文章がめくってもめくっても書かれています。読んでいると、あきれ果てて困り果てている○○さんの顔が浮かんできます。

ところが、今日の午後、朝からの出張から戻って昨日の作業日誌を読むと、『今日はトイレきれいにつかってくれてました。こんなふうに、きれいにつかってほしいとおもいました……』と書かれていました。読んで、私もちょっとうれしくなりました。

いまさらながら、社会の人々がお互いがお互いのことを思って、心を合わせて暮らしていくことが自然で当たり前になる世の中にしたいと思ったしだいです。

二月二〇日（金）　私たちの命題

「障害はその人の個性だ」という人をよく見かけるようになった。

ふざけるな！と思う。

たとえば「障害をその人の一つの個性ととらえよう」などと言う人がいるが、どうして障害をその人（個）に押し付けるのか？

そうではない。障害は障害のあるその人（個）に属するのではなく、障害は私たち（類）に属するものなのだ。

だからこそ、障害が私たちの命題となるのだ。

三月一〇日（火）　お誕生日おめでとう!!

今日は三月生まれの利用者の誕生会です。会場は食堂です。

三月生まれの三人が前に立って、みんなから「おめでとう!!」と歌と拍手の祝福を受けます。

併せて園長から、三人と園長とで写った写真が貼ってあるカードが贈られます。そこには園長直筆のメッセージが書かれています。

会が終わって、○○さんがカードを持って園長室にやって来ました。

「園長さん、ありがとうございました」「いえ、どういたしまして」

「園長さん、これ何て書いてあるんですか?」「あー、これはね、○○さんは作業をさぼってしょうがありません、って書いてあるんよ」

「えー、嫌だー」「おー、嫌かね。大丈夫、大丈夫、そんなことは書いてないからね。家に帰ってお母さんに読んでもらいんさい」

「はい、分かりました」

うれしそうにカードを手にして、○○さんはみんなの中へ戻っていきます。下手な字で書いたメッセージですが、喜んでくれるのを見るとほっとします。
○○さん、お誕生日おめでとう!! これからもよろしくお願いしますよ。

三月二七日(金) とぼけた職員に囲まれて

先日、あることで職員と一緒に行動することがあって、わがさつき園の職員が何と愛すべき(?)職員たちであることかを痛感させられました。

「くしゃみが出る」と言うところを、何をあわてたのか「ハクションが出る!」と言う職員がいるかと思えば、一二三〇〇（いちまんにせんさんびゃく）という数字を読むのに、これもまたどうしたことか「せんにひゃくさんびゃく！」と自信たっぷりに読んでしまう職員がいたり……。しかもそれがあまりに自信たっぷりだったので、瞬間誰もおかしいことに気が付きもしないのです。そして果ては、ガソリンスタンドでの給油の時に何を血迷ったのか、給油口を開けずにボンネットを開けちゃったりなんかする職員もいるのです……!?

わぁー、こんな職員たちに囲まれて、いったい私はどうすればいいのでしょうか？

皆さん、園長って、意外に大変なんですよ!! こんなとぼけた職員たちを引き連れて、遠い道のりを一歩一歩歩いて行かなくてはいけないのですから。

心中お察しくださいませ。

平成二一年度

四月六日（月）　重症心身障害児（者）という命

皆さんは重症心身障害児（者）と呼ばれる人たちの存在を知っておられるだろうか。障害者自立支援法の見えない嵐が吹き荒れる中、今三回目の新年度を迎えて、私は俄然、重症心身障害児（者）の存在に触れる職員研修を計画したいと思い始めました。

いわゆる「心」「身」の両方にそれぞれ重度重症の障害がある重症心身障害児（者）。重い障害のために死と隣り合わせの日々を懸命に生きている命。その存在に触れることは今後の『障害者福祉』を考えるのに欠かせない、と思います。

障害者自立支援法に押しまくられて福祉を放棄するというのならいざ知らず、福祉を貫き充実発展させようと意志するなら、私たちは改めて重症心身障害児（者）から始めるべきではないかと思うのです。

四月一四日（火）　高校生たちへ

大島大橋、全長一〇二〇メートル。

新学期を迎えて、今年も真新しい学生服と真新しい自転車の集団が銀輪を朝日に輝かせて渡って行きます。ここ周防大島には大島商船高等専門学校（通称「商船」）があります。

瀬戸を渡る風も、大島大橋から遥か遠くに望む半島や島々の景色も、高校生たちを温かく迎えます。彼らは雨の日も風の日も暑い日も寒い日も自転車をこいでこの橋を渡って通うのです。

彼らの先輩たちが黙々とそうしていったように。

私はさつき園に勤めて一三回目の春を迎えましたが、大島大橋を自転車で渡る高校生たちの元気な朝の光景は一三年前と変わりません。

しかし、年々歳々花相似たり、歳々年々人同じからず。毎年の変わらぬと思われる光景が繰り返される中で、人は、時代は、確実に変化しています。

それ故になおさら私は、ひたむきに自転車をこぐ高校生たちに、変わらぬひたむきさと変わらぬ誠実さを胸に刻んで人生を生きてほしいと願い、通勤の車を運転しながら心ひそかにエールを送るのです。

四月二八日（火）　遅ればせながらちょっと自己紹介

高校を卒業し大学浪人をしている私に、ある時ある人が言いました。

「これまであなたはいろいろな人のお世話になった。これからは誰かのために生きることも大事だ」と。

以来、私は福祉の世界を歩いてきました。

私が東京で学生生活を送るようになった頃、すでに日本では輸血用の血液を売血によってまかなうことはなくなっていたものの、すべて

を献血でまかなえるまでには至っていませんでした。私は大学のあるサークルに籍を置き、日本赤十字社中央血液センターのあと押しもある中、学内外での献血推進活動に参加していました。同じような活動を展開している都内のいくつかの大学と共同で、渋谷や池袋の駅前で数週間に渡り街頭署名運動をしたこともあります。

沖縄返還闘争や成田闘争が盛り上がり、内ゲバ、バリスト（バリケードストライキ）、ロックアウト、あるいはナンセンス、自己批判……といった言葉が毎日のように聞かれた時代でした。そんな中、一浪した私が大学一年生の時の一一月には三島由紀夫が自決し、二年生の二月には浅間山荘事件もありました。

学生時代から全国組織の障害者の親の団体（社会福祉法人全国重症心身障害児（者）を守る会）にボランティアとして関わっていた私は、誘われるままに就職先をその団体に決め、重症心身障害児と呼ばれる子どもたちの福祉の世界に身を置き、障害者福祉の仕事に携わるようになったのです。まだ「福祉に携わるなんて奇特な人だ」と言われていた時代のことです。

その後、個人的な事情で少年時代を過ごした地に戻った私は、幸運にも長年携わってきた障害者福祉の世界の人間関係に拾われて、このさつき園で仕事をするようになりました。それからもう一二年以上が経ちます。

人は誰でも生きていれば高齢者になります。高齢者への道は誰でもが通る道です。けれど、障害者の道は誰もが通る道ではありません。さつき園に来るまでの二〇数年間、それこそ北海道から沖縄までの各地の重症心身障害児（者）や知的障害者、そのご家族の方々と触れ合い、また医療の専門家や行政と関わる中で、私は、命について、障害について、人間について、そして類としての人間について考えさせられるようになりました。それはさつき園に勤めてからも変わりません。

遥かな学生時代、自分がこんな人生を歩むことになろうとは想像もしませんでしたが、せっかくの人生、これからもこの障害者福祉の世界を歩いて行こうと思います。

遅くなりましたが、ちょっと自己紹介をさせていただきました。

五月一日（金）　さつき園の場所

さつき園ほどその周囲の自然環境や地域環境に恵まれた施設は全国的にも少ないのではないか、と思います。ちなみに、山口県内の知的障害者施設・事業所の場所を考えてみます。たとえば県東部では陽の出園（岩国市美和町）、ひかりの里（岩国市錦見）、しらかば園（岩国市室の木町）、若葉園（岩国市由宇町）、たちばな園（周防大島町油良）、柳井ひまわり園（柳井市伊保庄）、城南学園（田布施町川西）、大和あけぼの園（光市束荷）、ひかり苑（光市岩狩）、第一しょうせい苑・第二しょうせい苑（ともに下松市生野屋南）などなど……。

おそらく皆様方の多くはこれらの場所がどんな所かをご存じではないだろうとは思いますが、ここにあげた施設・事業所の大半は少し高台にあったり、道路から施設建物の玄関や受付までちょっと距離があったりするのです。だから直接地域の方々と接する機会は日常的には少ないのではないかと思うのです。

しかし、周防大島にあるさつき園の場所は「島ではあるし、田舎だから」と言ってしまえばそれまでですが、園の前には四季ごとにその色を変える田が広々と広がり、その上を悠々と風が渡り、ちょっと遠くに目を遣ると町役場や学校の建物が見え、それらを含めた家並みの先には遮るものは何もなく、遥かかなたに海（瀬戸内海）を隔てて柳井市の山を望むのです。

園の前を左右ほぼ直線におよそ三五〇メートルほどの道路が走り、その道路をお隣りの大島中学校の生徒は毎日、朝に夕に元気にあいさつをして徒歩や自転車で通り、部活で走り、地域の人たちは車に限らず、ご自身の散歩や愛犬の散歩、あるいはジョギングのために通られます。中には、通りがけに、時々その道路に面している園長室の窓を「コン、コン」と叩いて、「園長おるかい？」と顔をのぞかせる方もおられます。

そばには屋代川が流れ、土手の桜並木は春に見事に咲き誇ります。土手はさつき園の裏手へと続き、中学校のグラウンドを見下ろしながら川上へ向かいます。こんな広々としてゆったりとした地形で、居ながらにして自然を感じることが出来、しかも日常的に地域の人たちとの触れ合いがある施設を私はほかに知りません。

利用者もお昼休みには玄関先に立ったり、作業室の窓から顔を出したりして、道行く人や車に手を振っています。お隣りの大島中学校の校長先生などは利用者にとってはもうすっかりお友達です。ほんとに、いいところにさつき園はあります。とりわけお隣りが中学校というのがいいですね。

さあ皆さん、うそかまことか、その目で確かめにぜひ一度さつき園へお越しください。お出でませ、山口へ。お出でませ、さつき園へ。

私はうそは申しません!!

六月二三日（火）　慰問

終業時刻前の職員終礼では、今日の報告と明日の予定を確認します。昨日のことです。

司会「利用者の明日の欠席をお願いします」

職員「○○さんは明日、家庭の都合で欠席です」

………

終礼後、職員が園長室に顔を出しました。何事かと思ってたずねると、今日、○○さんのお母さんから電話があって、○○さんは明日はお母さんと一緒にある福祉施設の慰問に行くために欠席しますと言われた、と言うのです。

そう言われて私は思わず、「えっ、慰問?」とちょっと大きな声で聞き直してしまいました。

よく聞いてみると、○○さんはお母さんと二人で地域のカラオケサークルに入っていて、明日はそのサークルの人たちが隣町にある福祉施設の慰問に行くのに一緒に参加する、ということでした。

○○さんは今日そのことを「明日行って来ます、明日行って来ます」と、うれしそうに何度も職員に言いに来たそうです。

たぶんカラオケ好きのお母さんの影響でカラオケが好きになった○○さん。毎年の園旅行の時の夜の宴会で、東海林太郎のように（古いね！　前川清のように？　これも古いか！）直立不動でカラオケを歌う姿が頭に浮かびます。

考えてもみてください。さつき園の利用者は慰問されることはあっても、自分が慰問に行くことはなかなかないことなのです。

「えー、そりゃーいいねー。すごいねー!!」「そうですよねー!!」

知らせてくれた職員と感動することしきりでした。

六月二六日（金）　お手紙

少々疲れて山口市への出張から帰ると、机の上にクリーニング店のチラシを折って作った袋が置いてあります。葉書大のその袋は上下や重なり部分がぎこちなくテープで貼ってあります。よく見ると、チラシの印刷文字の上に○○さんの名前と分かる字が黒のボールペンで上書きされていました。

何日か前、ちょっときつい顔をして園長室にやって来た○○さんにその事情を聞きながら、「そんなに怒った顔をしちゃあいけんよ。もっとやさしい、笑顔の○○さんにならんにゃー」と言って、「今度、また園長にお手紙書いてよ」とお願いしていたのです。

破かぬように中を開けてみると、期待通り、四角に折られた○○さんからの手紙が入っていました。

『ぬぬぬなぬねもぬおぬとたぬもみなもみとしもみラよぬ』

『もみぬもみぬかりなぬも』

『もみねみもみみぬみもみぬもみねぬもみぬも』

キティちゃんの絵柄のメモ用紙に文字がしっかりと書いてありました。

お願いを聞いてくれて、一生懸命に手紙を書いてくれた○○さん。どんな気持ちで書いたのでしょうか。

こんな時、園長さんはちょっと疲れを忘れるのです。

七月一四日（火）　切り取られた航空路線地図

先週末、所用で札幌まで出かけて来ました。

帰りの飛行機の機内でのこと。私は、前の席の背もたれのポケットに備えてある冊子を見るともなく手に取って見ていました。パラパラとページをめくっていると、二ページずつの見開きで四ページに渡って、今乗っている航空会社の国内線の航空路を示した日本地図が載せてありました。ところが、びっくりです。何と北海道が載っていたと思われるページがきれいにL字に切り取られていたのです。

その瞬間、私は「あっ」と小さな声を上げていました。おそらく不届者がナイフのような物を機内に隠し持って入り込み、しかも誰にも気づかれぬようにしてそこを切り取ったのでしょう……。通りかかった客室乗務員の方に知らせると、びっくりした表情で何度も「申し訳ございません。申し訳ございません」と謝られました。

バレなきゃ何やってもいいんだ、バレなきゃ儲けもんよ、ということでしょうか。人は、心がどうなると、そういう行動をとるのでしょうか。

久し振りの空の旅で思わぬ体験をさせられてしまいました。

七月二七日（月）　彼らこそが

時の総理大臣によって衆議院が解散され、さほどの期待も納得もしていなかったとはいえ障害者自立支援法改正案は廃案となりました。来月三〇日の総選挙の結果はどうなりましょうか。ここにきて、俄然、障害者自立支援法の先行き、いや障害者福祉の先行きは不透明さを増してきました。今度の衆議院選挙での各政党の獲得議席数によっては予期せぬ展開もありましょう。

地球温暖化防止も大事。景気の回復も大事。臓器移植も大事。少子高齢化社会への対応も大事……。昨今とみに人々はしたり顔で口々にそう言うけれど、私を含めて、いったい人はその実践にどこまで本気で取り組もうとしているのでしょうか。

そんな中、「障害者福祉も大事なんです！」などと大声をあげることもなく、日々黙々と福祉現場での実践に心を砕き、汗を流して取り組んでいる職員たちを私は知っています。

そんな彼らこそが今の障害者福祉を支えているのです。

八月三日（月）　新任教頭先生の社会体験研修

現在、夏休みを利用して、山口県内の高等学校ではこの春の新任教頭先生の「社会体験研修」が様々な企業や施設・団体で行われています。その中で、さつき園を研修先に選んでいただいた○○教頭先生の通算五日間の研修が本日、無事終了しました。五日間、折々に○○教頭先生とお話をさせていただく中で、福祉と教育は共通点が多いなあと、いまさらながら感じさせられました。一緒に考えるべきことがたくさんあるものと思いました。そしてそれはこれからの私たちの社会にとって大事なことだとも思いました。

それにしても、こんなさつき園で研修をされた○○教頭先生にとって、この度の研修は果たして実のあるものとなったのかどうか。園長としてははなはだ心もとなく、申し訳ない思いがしております。ただ、利用者との時間をたくさん持っていただいたことに感謝するばかりです。そして、勝手ながら知的障害者の福祉に関心を寄せてくださる仲間が一人増えるといいなあと、心密かに願っているしだいです。

○○教頭先生たいへんお世話になりました。またお越しください。利用者が待っております。

八月二七日（木）　のどに魚の小骨が刺さった

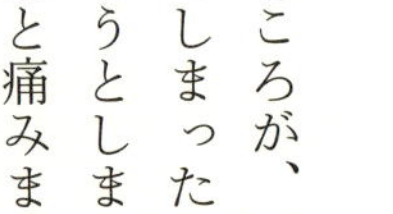

会議に出るために、いつものように車で山口市に出張しました。ところが、不覚にも途中で食べた昼食の弁当のおかずの魚の小骨がのどに刺さってしまったのです。ご飯を丸呑みしてみましたが取れません。指を突っ込んで取ろうとしましたが無理。声を出すと痛み、首を右に曲げると痛み、つばを飲み込むと痛みます。涙が出てきます。まいった！

とにかく車を走らせて会場に向かいました。さつき園の関係する団体の事務局に病院を調べてもらいました。悪いことに今日は木曜日。大概の病院は午後は休診です。「ここなら」と紹介してもらった○○病院に行くと、何とそこも休診でした。やむなく、そのまま会議に臨むことにしました。発言すると痛みます。お茶を飲んで何とかしようとしましたが、効果なしです。

午後一時過ぎに入ったその○○病院でのことです。「申し訳ありません。本日の受付は終了いたしました。なお当病院は本日は午後も休診です」と受付の女性。「えー、まいったなあー」と私。しかしその受付の女性は「少しお待ちください」と、すぐに背後の書棚にあるクリアブックを引き寄せて、調べ始めました。『耳鼻咽喉科』と背表紙に書いてあります。その中のページをめくって、「この近辺で、本日午後診察をしている耳鼻咽喉科の病院はこの△△病院一か所だけです。それもあいにく午後の診察は三時からです」そう言って、その△△病院の場所や診察時間が印刷されたA４版の資料一枚を渡してくれました。彼女の手元のクリアブックのそのページを見ると、その同じ資料は何枚かコピーされてビニールの袋の中に納められていました。

ふつうなら、元資料だけがファイルされていて、必要な時にそれをコピーして受付で配るところでしょう。それがすでに何枚かがコピーされており、すぐに必要な人に渡せるようになっていたのです。その姿勢、心掛け、準備の良さに私は内心驚きました。受付を利用する人たちへの配慮が利いています。

午後四時前、会議が終了しました。県庁への用を済ませ、すぐに△△病院へ向かったのは言うまでもありません。

「のどの奥のほうだとここでは無理ですよ」と脅かされました。が、その若い院長先生が刺さっていた一センチメートルほどの骨を取って、「これです」と見せてくれた時は、彼が神様に見えたことでした⁉

利用する人への配慮を利かせること、それはセンスと想像力と修練の結果です。一センチメートルほどの魚の小骨一本がいろいろな体験をさせてくれた一日でした。

九月四日（金）　真似

今日の午後、○○さんが険しい表情で大声を出しながら作業室から廊下をバタバタと走りました。大声を張り上げた険しい顔を事務所や園長室にまでのぞかせて行きました。誰かが○○さんに何かをしたり言ったりしたからではありません。自分の中で何かが溢れて、それに耐えられずにそうなってしまったのです。

たまたま事務所に来ていたある業者の方はその声や行動にびっくりしていたとか。ところが、そんな時職員があわてないのは当然ですが、利用者も落ち着いたものです。誰一人動揺した様子はありません。何事もなかったかのように振る舞っています。だから、職員が○○さんにひと声ふた声、声をかけて興奮が落ち着いたら、○○さんはいつものように利用者の中に自然に溶け込んでいけるのです。

こんな時、職員があわてないので利用者も落ち着いています。今日もそのあとの時間はいつものように流れていきました。

しかし場面によっては職員が油断すると、利用者の中には、当事者である利用者に注意、あるいは指示らしきことを言う人がいます。

「そんなことをしちゃーいけんよ」「何べん言うたらわかるんかねー」「ちゃんとせんにゃー」

「ええかね、分かったかね」……。

いつも自分がそう言われたり、誰かが言われているのを聞いているからでしょうか。そんな言葉がすらすらと口から出てきます。言われた利用者はたまりません。興奮は収まるどころか、ますます熱くなって収まらなくなります。それは油断した職員が悪い。

利用者は親をまね、職員をまね、世間をまねているだけなのです。

九月八日（火） イチローはガムを噛まない

大リーグのイチローが大リーグ通算二〇〇〇本安打を達成した。大リーグ史上二番目の速さでの記録達成だ。今年は春先のＷＢＣ（ワールド・ベースボール・クラシック）の疲れが出たのか胃潰瘍で開幕から八試合を休み、しかもここにきて左ふくらはぎの不調でまた八試合を休み、計一六試合を休んでの快挙だ。そして、前人未到の九シーズン連続二〇〇本安打の達成も時間の問題となった。

そのイチローはガムを噛まない。

ガムを噛むと集中力が増すと言われていることもあってか、スポーツ選手、ことに日本ではプロ野球選手にガムを噛んでプレイしている人が多いように思う。大リーグでは紙タバコやヒマワリの種を噛んでいる選手も多いようだ。しかし、世界のイチローは少なくともプレイ中にガムなどは噛まない。

イチローは、何故、ガムを噛まないのか。

彼の美学か？　信念か？　思考の結果か……。

彼が、人として、あるいはプロの野球人として最も大事に考えているのは何か。

翻って、私たちは何を最も大事に考え、行動し、歩むべきなのか。

二〇〇〇本目のヒットを痛烈なライト線への二塁打で飾り、二塁ベース上でヘルメットを脱いでファンの歓声に応えるイチローの冷静な表情のアップをテレビで見ながら、私は図らずも彼の自意識は人一倍高いのだと感じていた。そして、そこに彼のプライドを見た。

一〇月二日（金）　今月の目標

さつき園の今月の目標は『交通ルールを守ろう』です。

月初めの利用者朝礼でその週の当番さんが整列した（?）利用者を前に、それを伝えることになっています。

「今月の目標は、『交通ルールを守ろう』です」当番の〇〇さんがメモを見ながら読み上げます。

「はーい」みんな元気な返事です。

そして、いつものようにその月の目標に絡んだ質問を私から利用者にしました。

「みんなが知っている交通ルールを教えてくださーい」

「はい、横断歩道!!」何人かが右手を上げています。

「右、左!!」

「携帯電話!!」

お分かりですね。横断歩道は手を上げて渡り、道路を横切るときは右左を見て安全を確認し、運転中の携帯電話はいけないのです。よく分かっています。

すると、□□さんが元気な声で言いました。

「クルマにぶつからない!!」

そう、それが一番大事ですね!?

一〇月二〇日（火）「よっ!!」

昼食の時間。

午前中の作業を終えた利用者が園長室の前を通って食堂に向かいます。その中の五、六人から毎日声がかかります。

「園長さん、ご飯ですよー」

「園長さん、お昼よー」

「園長さん、お昼食べんのー？」

で、私も「おー、ありがとう。今行きます」と、いつものように返します。

先日、仕事の区切りが悪く、いつもより遅く食堂に入った時のことです。

すでに大半の利用者は食べ終えて、思い思いにお昼の休憩時間を過ごし始めていて、食堂の席は空きが目立ちます。

するど、いつもはよく見えない〇〇さんの食事の様子がよく見えます。

〇〇さんは障害の関係でとにかく動作がゆっくりで、たとえば朝の下駄箱での靴の履き替えでも、ことによると三〇分もかかる時があるほどです。以前は、その場にいた利用者が見るに見かねて手伝っていたりしていましたが、「時間はかかるけど、自分で出来るんだから手伝ってはいけません」と言い続けた結果、今では利用者も「自分で出来るよねー」と、〇〇さんに声をかけるようになりました。

食事もゆっくりです。さつき園に通い始めた五、六年前は食事はあらかた職員が介助していたくらいです。今では何とか「自分で食べる」という動作が出来るようになりましたが、まだ時々職員の介助が必要です。

私は食事をしながら、その〇〇さんの食べる様子を見ていました。と、〇〇さんと目が合いました。するとどうでしょう。〇〇さんが思いもよらない行動をしたのです。

おもむろにスプーンをおいて、ニヤッと笑って、あたかも「よっ!!」とでも言うように私に向かって右手を挙げたのです。ニヤッと笑って「よっ!!」。私も思わず「よっ!!」と右手を挙げていました。

「よっ!!　園長、頑張っとるか？　俺、頑張っとるよー」そう言っているように思いました。

はい、園長も〇〇さんに負けないように頑張りますよ!!

利用者の明るさと屈託のなさに支えられています。そしてそれがさつき園の宝です。

一〇月三一日（土）　若い世代へ

私たちがどれだけ若い世代にさつき園のことを始めとして、利用者のこと、障害ということ、知的障害者のこと、福祉のことを、見て、聞いて、触れて、感じてもらうか。どれだけそういう機会を提供出来るか。それが私たちに課せられた大事な使命の一つと思います。

さつき園では、秋の晴天に恵まれた今日、「第二〇回さつき園ふれあい祭り」を開催しました。小学生、中学生、高校生がそれぞれの立場や思いで大勢参加してくれました。私たちにとってこの上ない喜びです。さつき園では彼らを園祭りのお手伝いとしてというよりも、次代を担う、あるいは次代を託すという思いを込めて、そういう意味合いで彼らに参加してもらっています。

その彼らは今日何を見て、聞いて、触れて、感じてくれたでしょうか。野暮ったく口でくどくど説明などするよりも、自分の目で、耳で、肌で、頭で知的障害者を、知的障害者福祉の現場を感じてくれることが大事だし、それが一番だと思います。

知的障害者福祉は明日はなくなってもいいというものではありません。知的障害者はなくならないのです。ならば、あとに続く若い世代に福祉を、そしてそこにかける私たちの思いをしっかりと託さねばなりません。遅かれ早かれ、彼らの時代は必ず来ます。

集団でするゲームに伝言ゲームという遊びがあります。ある文章をどれだけ最後まで正確に伝えることが出来るかを競う遊びです。やったことのある人はお分かりでしょうが、最初の人の言葉は最後の人では元がどんな内容の言葉だったのかまったく想像もつかないくらい大きく変わってしまうことがよくあります。

何故か。それは言葉だけで伝えるからです。実感が伴わないからです。

今日、園祭りに参加してくれている彼らを見ていて、私たちが目指す福祉がそうならないように、さつき園でも日頃から若い世代に五感、六感、そして全身で感じてもらうように、いろいろな機会を提供していかねばと改めて思いました。

福祉はただ政治や行政に向かってものを言っておれば事が足りるというものではありません。福祉は社会を変える運動です。あとに続く世代につなげていくべき社会の価値観を変える運動なのです。

一一月一三日（金）　ヤクザな仕事はしない

今週からミカンの皮むき作業が例年のように約四ヵ月振りに始まりました。

さつき園の利用者にはぴったりの作業です。ミカンの皮むき作業が始まると、さつき園はぐっと落ち着いてきます。皮むき作業をさせてくださっている加工場の所長さんも、さつき園のことをよく承知してくださっています。

ウエス作業班は、ご厚意で古着を提供していただいていた大事な業者を思わぬことから失いました。しかし、神様はさつき園を見捨てません。人と人のつながりで新たな提供者をご紹介していただきました。

椎茸作業班は、県内のある施設から親切な指導を受けています。持つべきものは友？　先方は友とは思ってないかもしれませんが……。

こうしてさつき園は、時間をかけて築き上げてきた地域の人と人との人間関係に支えられています。

また、さつき園はいわゆる「日銭を稼ぐ」ことはしません。その日その日を飛び石をピョンピョン飛んで渡るように、今日はこの仕事、明日はこの仕事、稼ぎがいいからこの仕事、ちょっと儲かりそうだからあの仕事、ということはしません。それはヤクザのやることです。いかに生きにくい時代であろうとも、ヤクザなことはしません。仕事はきっちり何年も何年も腰を据えてやるものです。今の時代だからこそ、なおさらそうした生き方にこだわりたいのです。

じっくり腰を据えて仕事をして、毎日毎日少しずつ少しずつ時間をかけて人間関係を築き、知的障害者と言われるさつき園の利用者の人たちへの、地域における確かな信頼を得たいと思うのです。

一二月九日（水）　職人

ウエス加工作業は毎日古着との格闘です。一〇〇キログラムや一五〇キログラムなど大量の注文があれば、さらに忙しくなります。

手順としては、いただいた大量の古着を洗濯機で洗濯し、干して乾かし、ボタンやファスナーなどを切り落とし、注文の大きさに切り分けます。それを一キログラムずつビニール袋に詰めます。

こうして、さつき園ではウエスは一キログラムごとにビニール袋に詰めて出荷しています。ということは、一キログラムの重さを確認する作業が、その担当者が必要になります。

先日のこと、園内での作業の様子を見て回っている時に、たまたまウエスをビニール袋に入れて、その重さを秤で量っている場面に出くわしました。

見ていると、もうびっくりです。いつも明るい受け応えをしてくれる〇〇さんが、真剣な顔で秤に向かっています。いや、その真剣な表情はいいのです。作業中ですから、真剣な表情は当然でしょう。そうではなく、その手際にびっくりしたのです。

ビニール袋の口を開けて左手に持ち、右手でウエス用に裁断された布の山から布をわしづかみにすると、無造作にビニール袋に突っ込みます。一回目は多めに。二回目はやや少なめに。

そして三回目はほんの少々を摘まんで入れます。そして秤に乗せて量ると、何とぴったり一キログラムなのです。

たまたまそんなこともあるだろう、と二袋目を見ていました。動作はまったく同じです。三回に分けてウエスをビニール袋に詰めます。秤に乗せます。と、何とこれも秤の針はぴったり一キログラムを指しました。

「おっ⁉」と思って、「まぁ三回はないだろう」と高を括ってじっと見ていました。それが、ところがところが、です。何と何と三回目も針はぴったり一キログラムを指したのです。

しかし○○さんは平然として、表情は相変わらず真剣そのものです。二度ほど私にちらっと視線をくれましたが、その表情が緩むことはありませんでした。

○○さんには、たとえば秤のどこが一・五キログラムを示すのか、どこが二キログラムを示しているのかなどは分かりません。しかし、秤の針が青い印の付いた所（一キログラム）を指すまでビニール袋にウエスを入れる作業は完璧にこなします。

一キログラムを確認したビニール袋を秤からおろして、ていねいに入れ直して、膨らんでいるのを上から押さえて空気を出して、口を縛れば一丁上がりです。

恐れ入りました。

一二月二五日（金）　そっと、そしてさりげなく

誰かが出しっぱなしにしている道具や散らかした物をさりげなく、あるいはそっと片づけることの出来る人はいいなあ、と思う。そんなことが出来る人はうらやましいと思う。そこには人に対するセンスが関係するのだろうか。私なら「○○さん、あれ片づけておいたからね」なども、少し非難めかして言うところだ。私には人に対するそういうセンスがないのだろう。

さりげなく物を片づけることの出来る人には信頼を寄せたくなる。私たちの仕事は人から信頼されることが何より大事なことだ。そっと、さりげなく、を身に付けたいと思う。

ある日のこと。

仕事帰りの車の中で、ごみとして処理するつもりで机の上に置いていた、使い終わった紙コップとその中に入れたジュースの空き缶をそのままにして園を出て来たことに気が付きました。ところが次の日は、外部での会議のため朝から会場へ直行の出張です。「まあ、しょうがないか」とそのまま帰宅しました。

次の日。出張中はそのことはまったく思い出しもせず、一日を過ごしました。

そしてその翌日は祝日でお休みでしたので、昨日三日振りにさつき園に出勤しました。

出勤して、あれこれ仕事をしているうちに、あの紙コップと空き缶が机の上にないことに気が付きました。もちろん誰かが片づけてくれたのでしょう。それがどういうように片づけられ

たのかは知る由もありませんし、敢えて私も聞きもしません。しかし、誰かが片づけてくれたのです。そっと、そしてさりげなく。

片づけてくれた人は当然のことだと思ってそうしてくれたのでしょうか。それとも、『園長はだらしがないなぁ』などと思いながら片づけてくれたのでしょうか。いずれにしろ、私の気分はほっと温かくなったのです。

そんなことが出来る人はいいなあと思いました。人や仕事に対するセンスの問題でしょうか。さりげなく物を片づけることの出来る人には信頼を寄せたくなります。

私たちの仕事は人から信頼されることが何より大事です。年末独特のあわただしい気分の中、紙コップとジュースの空き缶のお陰でいろんなことを教えられ、感じさせられています。

一月二六日（火）　お金には換えがたいこと

先週末に開かれたさつき園保護者会の新年会に、今年も副園長とともにご招待を受け、出席させていただきました。柳井市内の会場で、みんなで会食しながら話に花を咲かせ、歌を歌い、プレゼントの交換をして楽しい時を過ごしました。

さつき園に戻って来た時、〇〇さんのお母さんが「何と楽しかったことでしょう。お金には換えがたいことです」と笑顔で言われました。今年八四歳になる保護者のその言葉が私の心にしみます。

今の時代、お金には換えがたいことがどれだけあるでしょうか。お金にものを言わせようとする人はたくさんいるようですが……。

さつき園の保護者は「毎月の保護者会の日が待ち遠しい」と言われます。保護者同士が世代を超えて、お互いに敬意を持って支え合っているからでしょうか。私たちにとって、保護者は支えるべき人たちです。けれども、私たちが保護者に教えられ保護者から学ぶべきことはまだまだたくさんあるのです。

二月三日（水）　丸かじりの日

今日は節分で、明日は立春。暦の上ではもう春です。

そんな今日。○○さんは朝さつき園に来るなり、園長室に顔を出して、「園長さん、今日は何の日か知っとる？」と大きな声で聞きます。

「おー、今日は節分じゃのー。豆まきをせんといけんのー」と私。

ところが、そう私が言い終わるか終らない間に、○○さんが目をくりくりさせて言います。

「園長さん、今日はね、丸かじりの日よ、丸かじりの日!!」

「丸かじりの日⁉」何という大胆な言い方!!

恵方巻きというお寿司の太巻きをその年の恵方といわれる方角を向いて、目をつぶったまま黙って食べると縁起がいいということで、いつの頃からか全国的に広まったことは皆様ご存じの通りです。

今日は節分で、その恵方巻きを食べる日なのです。そして今年の恵方は西南西だそうです。

ではどうぞ皆様、西南西を向いて目を閉じたまま、ものを言わずに、恵方巻きを口を大きく開けて丸かじりで、お召し上がりください。何と言っても今日は○○さん曰く『丸かじりの日』なのですから。

二月一六日（火）「障害（者）」と「しょうがい（者）」

ある会合に出た時、話題が「障害（者）」という表記の仕方に及びました。

『『害』ある者とは何事ですか！　障害の『害』は『がい』と仮名表記するのがいいでしょう」

「それなら『障』も『しょう』と仮名表記したいものです。『障りがある』者という表現もいただけません」

「もう、すでに私たちのところでは『障がい（者）』という表記の仕方が定着していますよ」

「でも、国や県がまだ使用していない表現を使うのもいかがかと。混乱するもとではないかと……」などなど、出席者からいろんな意見が出ました。

そういう議論も大事かと思いますが、たとえば「障害（者）」を「しょうがい（者）」と表記したらどうなるでしょうか。「しょうがい（者）」が元は「障害（者）」という漢字で表記されていたことを知っている人は、その意味するところを理解することは出来るでしょうが、元の漢字表記を知らない人たち（たとえばこれから生まれてくる子どもたち）は「しょうがい（者）」とは、どういうことを、あるいはどういう人をイメージすればいいのでしょうか。いいも悪いも、その仮名文字からはその意味をつかむきっかけも手がかりも何も得られないことになりはしないでしょうか。

しょうがい？　どんな状態のこと？

しょうがい者？　どんな人のこと？

表現された前後の文脈で判断しなさい、となるのでしょうか？

そんなことで将来的にも耐えうる表記と言えるでしょうか？

思うに、「障」の字を「しょう」とすることにこだわり、「害」の字を「がい」と表記することにこだわるとすれば、現在「しょうがい」と発音することで「障害」という意味を持たせているその言葉を、日本語から消してしまうほかないのではないでしょうか？　表意文字をその音だけを残し、それが指し示していた、あるいは意味していた対象との関係をこれまでのように持ち続けさせようとすることは、不可能と思われます。その時、私たちに新しい表記を創造することが出来るでしょうか。

申し添えますが、私は「障害」の表記を仮名に変更することについては、未だ確かな意見を持っているものではありません。誤解のないようにお願いします。

確かなことは、ある人たちのある状態を「障害」という文字を使って表し、ある人たちのことを「障害者」という文字を当てて呼び、表現してきた、そこに私たち日本人の民族としての歴史、日本人としての意識、日本人としての感性が表れている、ということです。そして、私たち日本人は誰一人そのことから免れているものではない、ということです。

三月五日（金）　ある虚構の作文

皆さんはご存知でしょうか。今、厚生労働省の元局長が検察と対峙していることを。そして、ひょっとしてそこには検察が描く壮大な虚構があるのではないか、と噂され始めていることを。

そんな中、私は以前あることでの行きがかり上、さつき園園長としてやむを得ず検察と対面したことがあったのを思い出します。

その部屋に入って対面したときの検察の言動には言いようのない威圧感があり、その口調や表情には、こちらにゆっくり言葉を選んで答える余裕を与えぬ高圧的なものがありました。一人が質問し、もう一人は黙ってそのやり取りをパソコンに記録していきます。思わず身構えたのを覚えています。

そして検察は、私から引き出したある事柄に関する私自身の行動や思いについての説明の大半を、検察独特かと思われる言葉に何の躊躇もなく置き換えて、記録したのです。復唱された

それは、私の言葉の中からあらかじめ検察自らが作った物語に合う単語だけを所どころにはめ込んで書き上げた作文、という印象でした。

丹念に一つ一つの事実を積み重ねて真実に迫ろうとするのではなく、自分の思い描く物語のためにある強い思い込みを持って作文を積み重ねると、あたかもそこに書かれたことが事実であり、現実に起こったのかと錯覚していきます。しかしそれはどこまでいっても虚構にすぎません。私の場合の検察の作文は虚構とまでは言えませんでしたが、今回の厚生労働省の元局長の一件では検察の作文には何が描かれ、どんな意図が隠されているのでしょうか。

このところ私たちは検察をよく話題にします。がしかし、果たして私たちは検察の何を知っているでしょうか？

権力を持つ者が予断やある意図持って動き始めると、一般人である私たちの人権や人格などは紙くず同然に扱われるばかりです。虚構によって事実が覆い隠され、人権や人格が毀損されるようなことがあってはなりません。

三月一五日（月）　異様な光景

「異様な」というのは少々言いすぎでしょうか。しかし前々から気になっていることがあります。会議のテーブルに着いた出席者全員の前に置かれたペットボトルのことです。

その多くはその腹に大抵『おーい○○』『□□茶』『△△茶』などと書かれています。ロの字型に並べられた机の上に等間隔で置かれた多数の薄緑色のペットボトル。その場にいても、テレビで見せられてもその光景はやはり異様と思うのです。

ひねくれ者は、つい「宣伝料でももらっているのか」と疑いたくもなるというものです。いちいちお茶をついで回る手間が省けて楽なのかもしれませんが、接遇としてはいかがなものでしょうか。ひょっとして接遇という感覚ではなくてそれは単なる給水の手段ということなのでしょうか。私たちはマラソンランナーなのでしょうか。そんな給水をさせられて、果たして会議の中身が豊かになるものでしょうか。

たかがお茶かもしれませんが、お茶こそ淹れてくれた人の思いに触れながら飲みたいものです。手間暇かけて何かを成すことを疎ましく思う時代になったということなのでしょうか。「手っ取り早く」に価値があるということなのでしょうか。けれど、手間暇かけずに生きて、何が残りますか。

三月一八日（木）『ファイト！』

中島みゆきというシンガーソングライターがいます。彼女が作詞作曲した歌の歌詞に

ファイト！　闘う君の唄を
闘わない奴等が笑うだろう

ファイト！　冷たい水の中を
ふるえながらのぼってゆけ

という詞があります。

そうです。闘わない奴は笑うのです。彼らはあれこれ言うが、闘いもせずただ遠巻きにして嘲り笑っているだけなのです。

そういう人がいるかと思えば、誰にも見えないところで、誰にも見えない闘いを静かに懸命に闘っている人がいます。

「園長さん、今日は出張ですか？　ずっとさつき園にいますか？」

私のネクタイ姿を見て、○○さんが、□□さんが、そして△△さんが聞いてきます。

「はい、ごめんなさい。今日は山口市へ出張です」「あー、そうですか。気を付けて行って来てください」「はい、ありがとう」

「園長さん、明日お母さんと広島に行きます」

「いいですねぇ。園長も連れて行ってください」「いやー、ダメです」「それは残念」

そんな他愛もない会話が楽しいのです。

そんな楽しい会話の相手をしてくれる彼らは、しかし私たちの見えないところで闘っています。これまでも闘ってきて、そしてこれからも闘っていくのです。世間という、あるいは地域社会という姿かたちの定まらない大きな時間と空間をもつ幻想と。

情けないことに、本来私たちは彼らに対して「ファイト！　冷たい水の中をふるえながらのぼってゆけ」というほかないのかもしれません。

時に今、政治は経済は社会はそして世間は、いったい本気でさつき園に通うような人たちの福祉を考えているのだろうか、ただ笑っているだけではないのか、と懐疑的になる瞬間があります。そんな時は心密かに「ファイト！」と、私が私自身にそう呟くのです。

三月二三日（火）　閉校式

明治一八年創立。以来一二五年。卒業生総数五六一二名。ピーク時の最高在校生数四六五名（昭和二二年度）。平成二一年度在校生一一名、うち卒業生二名。平成二二年三月三一日閉校。

過疎化には勝てず、ということでしょうか。今年度末をもって周防大島町立屋代小学校が閉校になります。

さつき園は秋の行事である「さつき園ふれあい祭り」で、ずいぶん屋代小学校の子どもたちにお世話になりました。子どもたちは自分たちの作ったお米を売るその元気な売り声で、大いに祭りを盛り上げてくれたのです。

三月二〇日に屋代小学校の講堂で閉校式が行われました。来賓としてご招待を受けましたので出席させていただきました。来賓の方々のあいさつは異口同音に「地域の方々のご決断を得て、子どもたちにより優れた教育環境を提供するために閉校することとなった……」というものでした。地域は苦渋の決断をしたのでしょう。子どもたちの教育をどう考えるか。地域の大人たちが考えに考えて出した結論です。

でも、果たして、当の子どもたちにも聞いたのでしょうか。「君たちはどうしたいの？」と。私はちょっと気になりました……。

閉校式で大きな声で学校にお別れのあいさつをする一一人の子どもたち。大正琴で校歌を演奏します。

「山の泉の清らかに流れる丘よ野も里も誇りに輝くふるさとの学びの庭よ屋代校……」

何度か入学式や卒業式に出席させていただいて何とか歌えるようになった校歌ですが、もう私が歌うことはないでしょうね。私の母校でもないのに、この日、屋代小学校の校歌を歌うと何だかさみしい気持ちになりました。

屋代小学校をあとにしながら、『〈学校〉は子どもたちのものだ。大人はそれを保障するために力を尽くさねばならない。未来は子どもたちの手の中にあるのだから』と、思ったことでした。

平成二二年度

四月一六日（金）「一〇〇円―三〇円」への信頼

「今、〇〇さんが百円玉を一つ持っているとします。〇〇さんが三〇円のお菓子を買ったら、おつりはいくらですか？」

ひょこっとこういう算数の問題を思い付いて、利用者終礼のために作業室に集まって来ていた利用者の中の七、八人に聞いてみました。

聞いた中で「七〇円」と答えた利用者は一人でした。

むろんこういった引き算が出来なくても、現実場面ではたとえばレジで常に千円札を出して支払えば、係の人がちゃんとおつりを渡してくれるので、大概の買物は何ら支障なく済ませられます。買物としては完結しています。

しかし、このとき大事なことがあります。それは「支払う」「おつりを渡す」というやり取りが正確に成り立つには、「この人を信頼しよう」「この人の信頼に応えよう」というお互いの間に確かな信頼関係がなければならない、ということです。

特に知的障害者の場合は、たとえおつりを六〇円、あるいは九六〇円しか渡されなくても不足していることが分からない人がいるなど、あなた任せのことが多く、日常生活においてはこうした時の信頼関係こそが命綱となっています。

ということは裏を返せば、いわゆる健常者と呼ばれる人たちは本人が自覚しているかどうかは別として、極論すれば知的障害者に対して生殺与奪の権利を持っているということです。知的障害者があなた任せにならざるを得ない場面で、私たちはどうしているか。全面的に寄せられた信頼にきちんと応えることが出来ているか。

引き算が分からないまま支払う人から寄せられた厚い信頼。それに応えてきちんとおつりを渡すこと、それが知的障害者福祉の原点です。日々繰り返される日常生活の中で、それを豊かに育てるかあるいは無残に破壊するか、私たちの心の在りよう一つです。

あなたはおつりの七〇円、あるいは九七〇円をきちんと渡していますか？　そして、なお言えばそこには笑顔も添えられていますか？

四月二六日（月）　部会メンバー五五人⁉

政権交代により廃止になった障害者自立支援法。それに代わる新しい法を作るための議論・協議の場として設置されたのが障がい者制度改革推進会議。そのメンバーは二五人。

その下に、このたび総合福祉部会が設けられました。推進会議発足直後から、推進会議のメンバーから外れた障害者やその家族、施設や事業者、学識者の人たちから「メンバーに入れてほしい」「部会が出来るなら参加したい」等々の声が、内閣府に多数寄せられていたとか。結果、この総合福祉部会は何と五五人という、びっくりするような人数で構成されることになってしまったのです。

考えてもみてください。部会を開いて、一人一分喋るとしても全員が喋って五五分。しかし、自ら参加の意志を示した人が、出席した部会で何も喋らずに帰っていくなどということは考えにくい。とすると、「ひとことよろしいですか」と断って、いかにも手短に発言するようなことを言ったとしても一人一分ということは到底考えられないから、一人三分として、全員で一六五分。それだけで優に三時間近くになります。部会の開催時間が四時間だとしても、四分の三ほどの時間を費やします。

取り仕切る内閣府の、より多くの人からの意見を聞こうという姿勢は大事かもしれません。が、こういった総花的なやり方は、アリバイ作りと勘ぐられはしないでしょうか。その意味で、本体の障がい者制度改革推進会議も、その下に設置された総合福祉部会も危ういと思うのです。

四月二八日（水）「お疲れさまでーす」

いつの頃からか、「お疲れさまでーす」というあいさつが飛び交うようになりました。

同じ職場内なら、お互いのその時々の仕事内容を知っているだろうから「お疲れさまでーす」と声をかけられても、さほどの違和感はないかもしれません。しかし、訪問先の施設や団体などで、たとえいかにお互いが見知っていたとしても、「こんにちは」の代わりとして「お疲れさまでーす」と言われると、私は思わず「あなたに私の疲れ具合が分かるのですか？」などとひねくれて思ってしまいます。

皆さんにはそんな経験はありませんか。

「こんにちは」「いらっしゃいませ」とか「失礼します」などの言葉が適切と思われる場面で、どうして、「お疲れさまでーす」と言うのでしょう。また、よく見ると「お疲れさまでーす」と言う人の多くはちゃんと私と目を合わせてそう言っているわけではありません。歩きながら、極端に言えばよそ見をしながら、声だけを私に投げかけていくのです。

あいさつは、立ち止まって、相手と目と目を合わせてするものでしょう。歩きながら、声だけを相手に投げかけるあいさつとも言えないあいさつ。しかもそれが「お疲れさまでーす」では、たとえ疲れていなくても、それを聞いた途端にどっと疲れが出ちゃうというものです。たとえどんなに明るく元気な声であいさつをされても「お疲れさまでーす」は御免蒙りたいものです。

五月八日（土）　明日への本気度

政権に向かって紙つぶてが飛んでいます。

人の心の形や色の在りようが分からない人が、人を相手の仕事をしていては困ります。

内閣府が設置した「障がい者制度改革推進会議」とその下の「総合福祉部会」のそれぞれのメンバー構成などをみていると、どうも私たちは時の政府の総花的なアリバイ作りに加担させられているような気がします。結局は、声高に喋ることの出来る障害者本人の主張だけを聞き入れた、自画自賛するほかない障がい者総合福祉法とやらが出来上がるのでしょうか。

普天間も福祉制度改革も「とにかく話し合ったからいいじゃないか」、というものではありません。

あるテレビ番組で、あることで全国的に有名になった人がこんなことを言っていました。

「今の中学生も、六年も経てばもう大人になっちゃうんですよ」

つまり、中学生くらいまでの教育が大事だ、ということです。そう思います。

大人たちが成長途上の子どもたちに何を教えるか。将来への重大なテーマです。

いずれも、明日への本気度が問われているのです。

六月二日（水）『敦盛の最期』

先月の二九日（土）に、今年も行われた防府市陸上競技場でのアイリンピック（県内の児童養護施設・知的障害者施設利用者のスポーツ大会）にさつき園も参加しました。

しかし今年は故あって、私は行き帰りを利用者・職員とは別行動を余儀なくされ、一人で車移動しました。

そのアイリンピックが終わってのさつき園までの帰路でのことです。

山陽自動車道の玖珂インターを降りて、左に折れて一般道に入ってすぐのところで、一瞬でしたが中学校の時の恩師の名前を見たのです。それは、亡くなられた方のお通夜とご葬儀の日取りを知らせる案内標示でした。

そこに書かれていた名前は、間違いなく中学校時代に国語（漢文・古典）を教わった先生のお名前でした。私は目にした瞬間、思わず、「えっ⁉」と声を上げていました。後続車もあり、急停車することも出来ず、通り過ぎざるを得なかったのですが、見間違いか？と思いつつも三年前かの同窓会での先生との会話が、一瞬のうちに頭に浮かんできました。

「先生に授業で暗誦させられた平家物語の『敦盛の最期』は、未だに忘れません」「前進座の『天平の甍《いらか》』の広島公演に学年みんなを連れて行ってくださったことは、今も感謝していいます」など、心に残ることをお話させていただいたことが、半信半疑の思いの中で甦ります。

「そうか。そうですか。そう言ってくれると教師冥利に尽きますね。ありがたいですね」と、少し涙ぐんでおられたことを思い出しました。その時、八〇半ばのお歳とお聞きしたように思います。

引き返して案内標示の内容を確認しようかとも思いましたが、戻りませんでした。ですので事実を確認してはおりません。私の早とちりかもしれません……。

「一の谷の戦《いくさ》破れにしかば、武蔵の国の住人、熊谷次郎直実《くまがいじろうなおざね》『平家の公達《きんだち》の助け船に乗らんとて、汀《みぎわ》の方《かた》へぞ落ち給ふ事もおはすらん、あはれ、よき大将軍に組まばや』とて、磯の方へ歩ますところに……（中略）連銭葦毛《れんぜんあしげ》なる馬に、金覆輪《きんぷくりん》の鞍置いて乗つたる武者ただ一騎、沖なる船に目をかけ、海へざつとうち入り……」（平家物語『敦盛の最期』）

私は気持ちが定まらないまま、途切れ途切れでうろ覚えの「敦盛の最期」を口にしていました。

自分にこんな体験があるから、中学生の年頃の少年少女への教育、たとえば学校での教育、家庭での教育、社会での教育が大事だ、と私は人一倍思うのかもしれません。中学生の頃の若い心にしかと響いた体験は、生涯その身に宿り、時間をかけて発酵していくと思うのです。そして本人も気が付かないところでその生き方や考え方に影響を与えているのです。

若い世代、特に中学生、高校生に『福祉』を体感する瞬間をたくさん持ってほしい、と心底思います。未来はいつも若者の手の中にあるのですから。

そして、私たちは、少し前の流行りの言葉で言えば、福祉への思いをブレることなく彼らにしっかりと伝えていかねばなりません。

六月九日（水）　集中

ひとしきりの朝のざわめきは、時計の針が午前一〇時を一〇分ほども過ぎる頃にはサッと消えて、さつき園は静かに午前中の作業に集中していきます。それは、作業場から少し離れたところにある園長室にいてもよく分かります。

仕事に一区切りをつけて、園内を回りながら、利用者がウエス作業やみかんの皮むき作業、工芸作業などに集中している姿を遠くから眺めるのがたまりません。ものも言わずに手元に集中しています。

たとえ視線の先に私を認めても、すぐに目は手元を見つめていきます。中には軽く手を上げて応える○○さんや□□さんなどもいますが、その場の空気は落ち着いたままです。

今日のような、よく晴れた日の穏やかな日差しのあふれる午前中、利用者・職員合わせて五、六〇人が必要最小限の音しか立てずに作業に集中している情景は、圧巻です。利用者と職員の日々の努力の賜物です。

もちろん(?)、中には△△さんや▽▽さんのようにあまりの静けさに眠ってしまっている利用者もいます。でも、それはそれで「さつき園」なのです。

そして、ふらっと園内を巡って園長室に戻った私は、作業に集中する利用者に励まされて、うんざりするほど溜まっている仕事を片づけるべく、再び奮闘努力するのであります。

六月一七日（木） 彼らの明日の笑顔のために

今朝、男子高生が同じクラスの女子高生を刺すという事件が起こりました。先日、女子高生が教室の隣りの席の女子高生を刺した事件を聞いたばかりです。

先週末の深夜のテレビでは、中学生が公園で首を吊り、一七歳の息子が父親の嘱託殺人を犯し、女子高生が夜道で刺されたという事件を報道していました。

たまたま見ていた私は、『もう、彼らに明日の笑顔は来ないのだ』と胸つまる思いでした。

そして今日また事件を聞いて、苛酷な関係の中でもがいて現代に生きる、見知らぬ少年少女らの日々に思いを馳せました。

彼らがこの世に出現するために人間は膨大な時間と膨大な関係を費やしたというのに、彼らを待っていたのは、到底彼らの手には負えない辛く、苦しい、無情な関係だったのです。

「風立ちぬいざ生きめやも」と決意し、「生まれたからはのびずばなるまい」とうたうことの空しさが、今、私に忍び寄ってきます。

己の心を明かさぬ者は、己の心を明かせぬ者と同じなのです。

「誰かに相談すればよかったのに……」

何をのんきなことを言いやがる。

今、知的障害者にこと寄せて考えます。

己の心を明かそうとしても、そうすることが困難な人たちの心に寄り添うことの難しさよ。

寄り添っていると思うことの傲慢さよ。

彼らの明日の笑顔のために、私たちはどこまでも謙虚であらねばならないのです。

七月一日（木）　施設で暮らすということ

六月二〇日（日）山口県重症心身障害児（者）を守る会総会（山口市）

六月二六日（土）・二七日（日）重症心身障害児（者）を守る全国大会（岡山市）

先日開催されたこれらの総会、大会に出席しました。

およそ五〇年前、私たちの社会は、今は重症心身障害児（者）と呼ばれるその人たちの人権はもとより、その人たちの生きる権利さえ認めていませんでした。それ故、親たちは必死に『この子たちも生きているのです。この子たちの生きる権利を認めてください』と社会に訴え続けてきました。

あれから五〇年、何と、施設で生活する重症心身障害児（者）やその親に向かって『施設で暮らすことは人権侵害だ』と強弁する人たちが出てきました。

内閣府の障がい者制度改革推進会議でそのような意見が出されていることは承知していましたが、前述の総会と大会に出席して、この発言に対する親の会の危機感は相当なものだと改めて知らされました。

いったい私たちの社会の誰が、重症心身障害児（者）の生きる現実を知っているというのでしょうか。

いったい私たちの社会の誰が、彼らの死と対峙するきつい日常を知っているというのでしょうか。

いったい私たちの社会のどこに、重症心身障害児（者）が在宅で豊かに生きることの出来る生活環境があるというのでしょうか。

五〇年間の親たちの血の滲むような苦労の結果、私たちの社会が彼らのために用意したのが施設での人生でした。裏を返せば、私たちの社会は彼らに対して施設での人生しか認めなかったのです。在宅で生きることは、親子に死への覚悟を要求したのです。

あたかもその責任は親にあるのだと言わんばかりの「施設で暮らすことは人権侵害だ」という言い草の中に、問題の本質はありません。問題の本質は、私たちの社会が重症心身障害児（者）が家族とともに在宅で豊かに生きるには、あまりにお粗末な社会環境しか持ち合わせていないところにあるのです。

私たちの未熟な社会が「まあそんなに言うのなら」と迷惑そうに、あるいはまるでその場を取り繕うように彼らのために用意した施設での人生。いや、私たちの社会がそこで生きることしか認めなかった彼らの施設での暮らし。それを自らが否定することの自己矛盾に気が付かない厚顔無恥の推進会議での発言。

しかし、この「施設人権侵害論」は重症心身障害児（者）に留まらず、早晩、知的障害児（者）にも押し寄せてきます。その時私たちは問題の本質を見誤ることなく、しかと射抜くほどの福祉の思想をブレずに堅持し続けることが出来るでしょうか。

七月一四日（水）　東京の雑踏の中で

先週初め、東京で開催された「全国知的障害関係施設長等会議」に参加しました。

どしゃ降りの夕方、雨宿りしたＪＲ品川駅の雑踏の中でこんなことに思いを巡らせていました。

どうしてわが国の障害児・者福祉は国民的な広がりをもって理解と共感を得られないのか。高校を出たての人に向かって、「障害児・者福祉に理解を」と言ってもそれはなかなか無理があると思います。何故かと言えば、わが国においては昔も今も、たとえば小・中・高の一二年間で子どもたちが障害児・者に直に触れ合う場面がどれほどあるだろうか、という疑問を持つからです。そういう問題意識は教育界にはありません。もちろん（？）今の福祉界にもないのです。

たった一人の障害児あるいは障害者に直に会うこともなく一二年間を経て社会人となった人に、いきなり「障害児・者福祉に理解を」と言ってみたところで「いったい何のことやら」とキョトンとされるばかりではないでしょうか。私たちには知らないことや体験しないことは理解し難いものです。

ならば、小・中・高生に、『君たちが暮らしているこの社会には障害児・者と呼ばれる人たちがいて、君らと同じように一生懸命に生きているのだ』ということを伝えるためだけにでも、私たちは意識して彼らと彼らを引き合わせるべきと思うのですが、どうでしょうか。

障害のある子どものためのインクルーシブ教育が盛んに唱えられています。しかし、一年に一度でもいいから障害のない子どもに障害のある子どもとの触れ合いを用意することも教育の、そして福祉の大事な役目の一つと思います。たとえ一年にたった一度だとしても、一二年の間には一二回も彼らはお互いが触れ合うことになるのです。そして、その一二回の体験は彼らお互いの中で重要な価値を持つものと思います。

大人が「差別はダメよ」「偏見はダメよ」とどんなに言ってみても、子どもたちには通用しません。何故なら、親の世代も、そのまた親の世代もみんな、小・中・高の一二年の間、たった一人の障害児や障害者にさえ、直に触れ合うこともなく大きくなったのです。なので、そもそも障害児・障害者と呼ばれる人たちが自分たちと同じ社会に生きている、という実感が持てるはずがないのです。

そして、家庭では親を見て、社会では大人をまねて子どもは育つので、根拠のない差別の意識や偏見の意識が子どもの中で無意識無自覚に芽生え、延々と連鎖が引き継がれていきます……。

まことに残念なことに、私たちの社会はそういう過去と現在しか持ち合わせていないのです。

やまぬ雨を見ながらそんなことを考えていました。

七月一六日（金）　声にならない声を

朝、○○さんがさつき園に来たことは園長室にいても、その甲高い声や廊下をバタバタと力んで走る音、ドアを力いっぱい開け閉めするその音で分かります。

あるいは、朝、▽▽さんがさつき園に来たことは、バタバタと音を立てて歩くその大きな足音と、事務室の窓を開けて担当職員の名を何度も繰り返し呼んで、無理なことをせがむその大きな声で分かります。

この時、私たち職員は彼らを落ち着かせようとして言葉をかけて、その行動を受け容れたり否定したり、あれこれあれこれ試みます。そしてどうしてそういう行動をとってしまうのかと、最近の園での様子や今朝の連絡帳の内容などを考え合わせて、その動機を探ります。

そして、その結論は必ずと言っていいほど、親子関係、あるいは母子関係、そして自分の存在は家族や社会からきちんと認められているという実感があるかどうか、の問題に行き着くのです。

周りが困り果てるほどの奇声や騒音を立ててまでも、「私を愛して‼　私を認めて‼」と声にはならない声で叫んでいるのです。

いったい、誰がそうさせるのでしょうか。

だから、私たち職員はどこまでも利用者の側にいなければ、それこそ私たちの存在意義や存在価値はないのです。

七月二七日（火）　入院した利用者

〇〇さんが入院して二〇日近くになります。五〇歳を過ぎた利用者の入院は心配です。しかもわずかな歩行距離でも息を切らすほどの肥満体だったらなおのこと心配です。入院中、歩くことが極端に減ってしまうからです。そして退院後、これまでの生活が維持出来るかどうかも……。

五〇年の間、寄り添うように生きてきた〇〇さん母子は、もう一心同体も同然です。しかもその途中で父親を亡くしているのでなおさらです。そうして五〇年かけて、母と子で〇〇さんを超肥満体にしてしまったのです⁉

先日、お見舞いに行きました。

「園長さん、早くさつき園に行きたいです」

「来たいじゃろうが、お医者さんが『もう退院してもいいよ』と言うまでは、入院しとらんにゃーのー」

「でも、さつき園に行きたいのー」

「悪いところを治して、そしてもう少し痩せんにゃーダメじゃろうのー」

「うむー」

と言って、悲しい顔をする○○さん。

私たちは入院した○○さんのことも心配ですが、その母親のことも気がかりなのです。八〇半ばのその母は、不自由な足腰ながら子どもの入院に付き添っているのです。

果たして、どんな形で退院するのか。退院後の生活はどうなるのか、職員みんなで心配しています。

八月一〇日（火）「hibakusha」ＮＨＫの失態

六五年前の八月六日、広島。同じく六五年前の八月九日、長崎。わが国の二つの都市に原爆が投下されました。毎年、この時期になるとマスコミはこぞって広島、長崎を取り上げます。

先日の夜遅く、ＮＨＫ総合テレビでも『ヒバクシャからの手紙～そしてヒバクシャへの手紙～』と題した、広島で被爆した人たちからの、あるいは被爆した人たちへの手紙やメールを紹介する番組を放送していました。

その放送でのことです。司会者が視聴者に番組へのメールをお願いした時に紹介したメールアドレスを見て驚きました。「http://www.nhk.or.jp/hiroshima/hibakusha/」となっていたのです。アドレスとして、そこに「hiroshima（ひろしま）」とあるのは分かります。が、しかし最後が「hibakusha（ひばくしゃ）」とは、どういうことでしょうか。画面に紹介されたアドレスを目で追っていた私は、びっくりして、思わず「えっ!!」と声を上げていました。

いかに、被爆された方からの手紙あるいは被爆された方への手紙を紹介する番組とはいえ、「hibakusha」の文字をアドレスにするとは……。私は、NHKのその無神経さに目を疑いました。

被爆者の中には、自分が被爆者であることを人に知られないようにずっと隠して生きてこられた方もあるというのに。また、人から被爆者と呼ばれるたびに死を思った人もあるというのに。こういう番組を作ろうという程の関係者が、そういう現実があることを知らないはずはないだろうに。

番組の感想をメールで送ろうとした人は、アドレスの最後に「hibakusha」とあるのをどう感じたでしょうか。最後に「hibakusha」と入力して、「送信」ボタンをクリックする時、何も感じないだろうか。私は、「無神経にもほどがあるぜ」と独り憤っていました。

苛立ちながら番組を見ていたら、案の定、NHKはそのアドレスを紹介した数分後に、「メールのアドレスが間違っておりました。正しくは、今画面に出ている通りです。お間違えのないようにお願いします」と、司会者に訂正させました。

見るとそのアドレスは、内部でその不見識に気が付いたのか、あるいは視聴者からの指摘があったのか、訂正されたいきさつは分かりませんが、「http://www.nhk.or.jp/hiroshima/tegami/」となっており、最後が「hibakusha（ひばくしゃ）」から「tegami（てがみ）」に変わっていました。

番組を見ていた視聴者のうち何人がこのことに気が付き、こうした思いを巡らせているだろうか、と考えました。そして、この番組の主旨や内容がよく理解出来ただけに、誠に残念に思ったことでした。

私たちは当たり前のように「知的障害者」という言い方をしています。あたかもそれが彼らのすべてであるようにそう呼びます。そう呼んで何も違和感を持たなくなっています。しかし知的障害者である前に人間なのです。私たちが「知的障害者」と呼んで、自分たちとは違う人間だ、と差別しているのです。被爆者も同じです。被爆者である前に人間なのです。私たちが「被爆者」と呼んで、自分たちとは違う人間だ、と差別しているのです。いずれもその人たちに責任はないことなのに……。

原爆で死んでいった若者が、抱かれた腕の中で死に際に残したという言葉が耳に残ります。

「ぼくは何も悪いことはしていないのに……何故？」

八月一九日（木）　同窓会

先週末、お盆の休みを利用して中学校の同窓会が開かれたので、久し振りに出席してきました。

私たちの多くは今年還暦を迎えます。みんなそんな年齢になりました。口々に「実感がないのー」と言います。私も実感がありません。

酒を飲んで、今を、昔を語り合って、校歌も何年振りかで覚束なくも歌って、二次会、三次会……。

みんなどんな生き方をしてきたのでしょうか。そんなことをいちいち聞いている間もなく、久し振りにとりあえず元気な顔を確認し合って、またそれぞれの道に戻っていきました。

名簿を見ると、残念ながら福祉の世界で右往左往しているのは私だけのようでした。

だから、さつき園の話を少ししました。そこで授産作業の一つであるウエス加工の話をして、そのための古着の提供をみんなにお願いしました。それも「綿七〇パーセント以上じゃないとダメだぞ!!」と、しっかりお願い（脅迫?）して来ちゃいました。

それにしても奴等が二次会で歌った歌が『チャンチキおけさ』や『高校三年生』や『美しい十代』とはねぇ……。

九月一六日（木）　びっくりするほど絶好調!!

超暑かった（熱かった?）夏からやっと季節は秋へと移って来たようです。朝晩がずいぶんと過ごしやすくなりました。

そんな暑かった今年の夏の思い出です。

さつき園は周防大島町にありますが、この町にはこの辺では珍しい国立の学校があります。

それは大島商船高等専門学校（地元では通称「商船」と呼んでいます）と言います。

夏休みに入っても部活や課外授業があるのでしょうか、その商船の学生は男子も女子も、大勢が毎日、朝でも刺すような強い日差しと蒸し暑い空気の中を、元気に大島大橋を自転車をこいで渡って通学していました。

そんな彼らを車で追い越しながらさつき園まで通勤する私の目に飛び込んで来た、この夏の忘れられない光景。

夏休みなので私服でもいいのでしょう、彼らの多くはTシャツを着ています。

ある朝のこと。いつものように彼らを車で追い越していた時のことです。自転車をこぐある女子生徒を追い抜こうとして彼女の背中に視線を向けた私は、そのTシャツの背中に書いてあった文字を読んで思わず唸ってしまっていました。その背中にはこう書いてあったのです。

『びっくりするほど絶好調!!』

それは「こんな暑さ、何するものぞ!!」とでも言うような彼女の元気な自転車のこぎっぷりにぴったりの表現に思えました。

『びっくりするほど絶好調!!』

どうですか、この切れ味のいい言い回しは。これぞキャッチコピー。これこそがキャッチコピーというものぞ。誰が考えたのでしょうか。ほんとに、いい切れ味です。

秋めいてきた今でも、この『びっくりするほど絶好調!!』のフレーズを口にすると、少し元気がわいてくるようです。

そして今朝は、こんな文句も目にしました。

『がんばりまくり』

これも大島大橋を自転車をこいで渡る若者にぴったりの言葉です。さつき園でも商品のキャッチコピーにこれくらいインパクトのある言葉をひねり出したいものです。

一〇月一日（金） 食べる楽しみ

毎月開かれる保護者会に園長として出席します。毎回二〇人前後の出席がありますが、その大半はお母さん方です。

さつき園の利用者には肥満傾向の人が多いこともあり、先月の保護者会ではその利用者の肥満について話題にしました。

しかし、そこで型どおりに「肥満は健康に良くないから、ご家庭でも食事には気を配ってくださるとありがたいです」などと決まり文句を言ったところで、何とも空しいばかりです。そりゃあ、園長の発言ですから出席されているお母さん方は、皆さん一様に「はい、分かりました」といった顔をされてはいますが、本心はそんなところにはないのを感じます。

あれこれ話をしていくうちに、お母さん方のその本心が分かってきます。

そして、それを〇〇さんのお母さんが言葉にされました。

「あの人たちの楽しみって食べることだから、食べたいだけ食べさせてあげたいよねー。だって、ほかに楽しみないんだもん。それで命が縮まってもいいんじゃないかって思うわ」

「そうよねぇー」皆さん、笑いながらうなずいています。

私には返す言葉が見つからず、思わず眉間にしわを寄せて唸ってしまうばかりでした。

親とは……。子とは……。人生とは……。そして、知的障害者の人生とは……。

本来、そのことについて私たちがあれこれもの申すことは僭越なのか？

それは、今も残る何とも苦い瞬間でした。

一〇月一四日（木）　世論調査

いつの頃からかマスコミなどがやたらに世論調査をするようになったように思いますが、どうでしょうか。

現政権の支持率などは毎月のように調査されていて、やれ上がった、やれ下がった、と賑やかです。

いったいマスコミは何を考え、何を目論んでいるのでしょうか。それとも何も考えてはいないのでしょうか。時の政権や国会議員のあり方について、泣く子も黙る（?・）『民意』とやらを、親切心でかの当事者たちに知らしめているだけなのでしょうか。あるいは、おもむろに懐中から取り出すあの印籠のように、それを見せると、いかに強面の権力者といえども一も二もなく膝を折ってひれ伏すものと思っているのでしょうか。これがマスコミの使命だぜ、と世に誇示しているのでしょうか。

そうした世論調査の結果に、あれこれコメントを加えるニュースキャスターやその筋の専門家と呼ばれる人たち。それを聞いて「わが意を得たり」と頷いたり、あるいは反論したりする視聴者。そして、調査結果として提示された『民意』に一喜一憂、右往左往、あたふた、ジタバタ、イライラ、時にニヤニヤ(?)……している調査の対象となった面々。

ゲームのように繰り返される世論調査。その結果が目や耳から入り込み、ムードとなって支配されていく私たちの意識。現実や実態をつかむ努力を惜しんで、電話とコンピュータで済ませる机上での調査と分析。それに基づいて、したり顔で語られる課題と展望。おいおい、そんなことでいいのか。大勢のもの言わぬ人たちの民意は、そこに過不足なく反映されているのか。

知的障害者福祉の現場にいて同じような不安を感じます。数値やデータを背景に声高に福祉を語る時、そこから漏れていく知的障害者一人ひとりの生活や人生があります。もの言わぬ、もの言えぬ彼らの内面に届く想像力とその生を感じる感性が大事なのです。それらがないところでは福祉は事業に変容してしまうのです。

一〇月一八日（月）　咄嗟の言い回し

「何でぶつかるんかね。ぶつかって来んさんな!!」

もうすぐ利用者終礼が始まるという時、何人かの利用者でざわついている園長室前の廊下から、○○さんの怒った甲高い固い声が聞こえてきました。利用者の誰かの肩か手が、○○さんの体のどこかに当たったのでしょうか。

「うむ⁉」と耳をそばだてていると、

「ぶつかったんじゃなかろう。ちょっと触ったんじゃろう。ちょっと触っただけじゃけー、痛うはないじゃろう？」

たまたま通りかかって、そのやり取りが目にとまったのでしょうか。ある職員がやさしくそう言って○○さんの気持ちの高ぶりを治めています。

そう言われて○○さんも落ち着いた声で、「うん。痛うない」と答えています。その場の空気が和んでいくのを感じます。

頭ごなしに叱るでもなく、否定するでもなく、やんわりと機転を利かせた職員の咄嗟の言い回し。園長室で聞いていて思わずニヤリとしていました。

私に出来るかなぁ⁇


一〇月二〇日（水）「頑張るよ‼」


第一〇回全国障害者スポーツ大会（「ゆめ半島千葉大会」）は一〇月二三日（土）から二五日（月）までの三日間、千葉県で開催されます。

さつき園利用者の○○さんはボウリングが全国レベルの腕前で、養護

学校（現総合支援学校）時代はこの大会の少年の部で全国優勝しているほどです。今回もその実力を認められ、山口県代表としてボウリング競技の青年の部で出場します。

明日、山口宇部空港で壮行会があり、いよいよ山口県選手団の一員として千葉県に乗り込みます。

ですから、さつき園でも今日の利用者終礼の時に、正面に出て来てもらった◯◯さんに利用者みんなで激励の声援を送りました。

「◯◯さん、頑張って来てください!!」「◯◯さん、頑張ってねー!!」拍手とともに口々に利用者が元気に声をかけます。

そんなみんなの声援に応えた◯◯さんの言ったひとこと。それが何とも言えず頼もしかった。ちょっと照れながらも、いつもの低い声で◯◯さんが応えます。

「頑張るよ!!」

ズンと、◯◯さんの意気込みが伝わってきたひとことでした。

本番は今度の日曜日。二四日です。精一杯頑張って、これまでの練習の成果と実力を存分に発揮して来てほしいものです。

一〇月二九日（金）「頑張ったよ!!」

一〇月二三日(土)から二五日(月)までの三日間、千葉県で開催された第一〇回全国障害者スポーツ大会（「ゆめ半島千葉大会」）のボウリング競技に山口県代表の一人として出場した○○さん。千葉に行く前に利用者みんなに約束したように、そして利用者みんなが期待した通りに頑張りました。青年男子の部の第五組で優勝し、しかも、少年の部・青年の部・成年の部を合わせた全出場者の中でも第三位のスコアをたたき出したのです。

私的にコーチという立場で同行した職員からの報告によると、四ゲームトータルの試合で、午前中の二ゲームではストライクを四回連続、五回連続でマークするなどで、一気に形勢を逆転したとか。午後からの二ゲームはやや調子を落としたものの、そのままその組のトップで逃げ切ったのだそうです。「見ていて感動しました」と職員も興奮気味に報告してくれました。

先日、久し振りにさつき園に通所して来た○○さん。終礼の時に、みんなからおめでとうの拍手と声援をもらってのお礼のひとことは、やはり例の低い声でした。

「頑張ったよ!!　金メダルだよ!!」

来年はいよいよ山口国体（第六六回国民体育大会／おいでませ山口国体）。そして山口大会（第一一回全国障害者スポーツ大会／おいでませ山口大会）です。

一一月二七日（土）　天狗

先週参加したある福祉大会でのことです。

休憩時間にロビーにいたら、久し振りに会ったある施設職員に「園長、お久し振りです！」

と、いきなり笑顔とともに話しかけられました。

話が進むと、その人は「あの頃、私は天狗になっていました」と、真剣なまなざしで語り始めます。

「でも今は、毎日を利用者さんと一緒に楽しく過ごしています。同じ施設の中にいても、以前はちっとも気が付かなかったけど、利用者さんの支援をさせていただくことがこんなにも楽しく、自分を充実させてくれるなんてありがたいです!!」

数年前のあの頃、その人は自身で語るように『天狗』になっていたのでしょう。そのことは、その人のその頃の言動を思い出すと、私にも思い当たる節があります。しかしそんな自分を何かのきっかけがあったのでしょうか、深く反省しただろうその人は、私に向かって、まさに瞳を輝かせて生き生きと今の自分を語ります。

いったいその人に何があったのか。何がきっかけで『天狗』になっていることに気が付いたのか。その人に、自らが『天狗』になっていることを気づかせてくれたものは何だったのか。

残念ながらそれらを話題にするには、ロビーでの立ち話ではあまりに周りはざわついているし、時間も限られていました。

「じゃあ、また。何かあったらいつでもさつき園に電話ちょうだい」と、握手をして別れました。

果たして、人の転機は、いつ、どのようにしてその人に訪れるのか。思いがけない、うれしい出会いの中で考えます。

一二月二日（木）　就労が出来る・出来ない

手元に、障害者制度改革について特集している知的障害者福祉を扱った月刊誌の最新号があります。そこには何人かの方々の障害者自立支援法に関する文章が載っています。

そこでこんな一文を目にしました。

「(前略) 個人的には、障害者が『介護・サービスの受け手』であり、就労が出来る・出来ないという能力で分けられる制度は、サービスや支援の量を増やすという意味では明解で貢献したかもしれませんが、障害者福祉が長年培ってきた『共に』という文化を崩してしまった感を持ちます。(後略)」

どうでしょうか。読まれて、皆さんのご感想はいかがですか。

私の感想は「その通り、まったくもってその通り」といったところです。

今社会に存在する、成果のないもの・効率の悪いものは価値がないとする考え方が、障害者自立支援法によって知的障害者や保護者、そして施設職員に突きつけられています。

さつき園も、例外ではありません。

平成二三年度中に新体系に移行せよとする障害者自立支援法。その就労が出来る・出来ない、あるいは作業が出来る・出来ないという能力で利用者を区分けする価値観が、私たちの背後から利用者支援の現場に襲いかかってきています。その価値観に晒されると、私たちから『共に』という意識は消えてなくなることでしょう。

こうして、これまでは同じさつき園の利用者・保護者・職員として共に過ごしてきたのに、気づかぬうちに私たちは利用者に限らずお互いの差異を意識するようになり、そして差別を当然のように口にし始めるのです。その時、それまで長年みんなで大事に育ててきた『共に』という文化、理念は、おそらく私たちの中にそのかけらすらも残ってはいないでしょう。

知的障害者福祉の最前線であるさつき園で、利用者と保護者と職員が泣き笑いしながら時間をかけ、心身をかけて創り上げてきた『共に』という文化、理念ですが、平成二三年度末までの新体系への移行を迫る障害者自立支援法という国からの価値観を突きつけられて、どう応ずるか。今、私たちが創り上げてきたその文化、その理念が正念場を迎え、真価を問われています。

一二月九日（木）　工賃倍増と生活の豊かさ

知的障害者の授産や就労に関する職員研究会に出席して来ました。

山口県では平成二三年度の障害者の目標工賃を県平均で「一人月額二六〇〇〇円以上」に設定している、とのことでした。

いったい県は何を見てそんな数字を掲げているのか、と呆れてしまいます。厚生労働省の顔色と他県の動きとを横目で見ながらこの数字を設定したのでしょうか。さつき園の平均工賃は現在一人月額約六〇〇〇円といったところです。どうすればこの差を埋めることが出来るでしょうか。県内の施設や事業所の現状をしかとその目と耳で見聞したなら、こんな数字にはならないだろうに。

現在、授産関係の大半の施設ではその志向が作業中心、就労中心になっています。つまり「働くこと」に力点を置いた議論や支援ばかりが先行しているのです。

長年放置されている法制度上の問題もあって、看板は「授産」施設だけど、現実にはいわゆる授産には馴染まない障害者の方々も、授産施設を利用されているのが実態です。

国や県は、そうした働くことに馴染まない利用者を、障害者自立支援法では生活介護などという言い方で区分けし、おざなりの事業体系を設定してお茶を濁してしまっています。やはり、ここでも一般社会での価値観、つまり「能力のある者中心」が幅を利かせているのです。

現場をよく見もせずに頭で考えた型枠にはめ込もうとするからこうなるのです。果たして、それでいいのでしょうか。障害者福祉行政はそれで地域社会の期待に応え、自らの責任を果たしたことになるのですか。そして、私たちが実践する障害者福祉、社会福祉もこれでいいのでしょうか。

高々と工賃倍増を目標に掲げ、作業収入アップを図ろうとするあまり、私たちは利用者から、日々の生活の豊かさにつながる仲間同士の交流や地域との接点、そこでの日頃の何気ない会話や触れ合い、利用者の自分らしい時間と空間、そういうものを削ぎ落し、あるいは奪い去ってはいないでしょうか。

工賃が増えること、ひいては所得が向上していくことは、利用者にとってそれはそれで喜ばしいことでしょう。しかし、もしもそのことによって失ったものや犠牲にしたものがあるとすれば、将来にわたる彼らの生活の豊かさや人生における喜びや充実感を、いったい誰が保障するのでしょうか。

いやいや、そんな先のことを悩んでいたずらに心身を消耗するより、目先の安心や満足を得るために知恵を絞るほうがよほど利用者のためになるのだ、と言い放つ人たちもいます。

自らのことをはっきり言葉に出来ない利用者。その人たちの生活や人生を、私たちの独りよがりの価値観でいじくり回して毀損してしまうことは許されない。

研究会に出席して、学ぶこともありましたが、少なからず空しさも残ったのでした。

一二月一五日（水）　割れたぶたの置物

午前一〇時前。朝の送迎便で通所して来た○○さんが、いつものように甲高い声を上げて、バタバタと足音を立てて、ドアや壁などを叩きながら通用口から廊下を歩いて来ています。それはまるで、「皆さん、今、私が来ましたよ!!」と、園にいる全員に知らせているようです。

そして、それもいつものように「〇〇さん、お早う！」「〇〇さん、お早うございます」と、周りの人が自分にしてくれるあいさつを覚えて、それを繰り返し口にしながら園長室にやって来ます。険しい表情をして、甲高い声を張り上げ、園長室のドアを力任せに思い切り押し開けるのです。

すると、今日は入るなり、付き添う職員の手を振り切って園長室の床に座り込みました。

そこでこちらがあわててはいけません。それは職員もよく心得ていて、大声で注意したり、力づくで立ち上がらせようとしたりはしません。

「〇〇さん、ここで座ったらおかしいよ。立とうや」と落ちついて話しかけます。

そんなやり取りの間を縫って、私もあいさつをします。

「〇〇さん、お早う！」「はい、握手！」そう言って、握手です。

そう言われた〇〇さん。座り込んだ姿勢のままゆっくり右手を差し出してきます。一瞬、表情が落ち着く瞬間です。

ところが、今日は私がうかつでした。そのあと〇〇さんにではなく、付き添っていた職員に向かってまったく別の話題を話しかけてしまったのです。話しながら、内心「まずい!!」と思った瞬間、案の定、〇〇さんはそばの応接テーブルに飾ってあった小ぶりの陶製のぶたの置物を素早く掴んで、床に投げ落としたのです。

ぶたの置物が割れる鈍い音が園長室に響きます。

「どうしてそんな話をするんだ!!　私がここにいるのに!!　私に話しかけてよ!!　私の話をしてよ!!」

○○さんは心の中でそう叫んでいるのです。

うかつにも自分の思いを先行させてしまった私が、悪い。

○○さんは毎朝通所してからのおよそ一時間あまり、全身を使って私たちを試します。それはしかし、数年前に比べると徐々にその時間も短くなり、その行動もずいぶん落ち着いてきています。職員のチームワークでの地道な努力がそこにあります。

私たちは○○さんに限らず、利用者から日々たくさんのことを学びます。いや、学ばねばなりません。学んでそれをお返しせねばなりません。その時大事なことは、利用者を取り巻く環境、育ちと心の在りように意識を向けることです。

幾片かに割れてしまったぶたの置物。ぶきっちょな私が瞬間接着剤で張り合わせたそのぶたの置物は、私の戒めの置物となりました。

一月一九日（水）　延命の家

さつき園では、周防大島町からの委託を受けて町の社会福祉協議会が実施している「生きがいデイサービス（独居老人のためのデイサービス）」の日に合わせて、毎月一回だけではありますが、さつき園で作ったお弁当を利用者三名と職員一名とで届けながら、そこで一緒に食事をしてひとときを過ごす、という活動を長年行っています。

そこは『延命の家』と言って、一〇人ほどのお年寄りがそれぞれ自分の都合に合わせて、週に二日あるうちの一日を日中利用されています。

今日はその『延命の家』に出かける日です。利用者の○○さんと△△さんと□□さん、そして私と、先週から保育士の資格を取るためにさつき園で実習をしている▽▽さんの五人で出かけました。園長も職員の順番の中に入れてもらっており、今日は私が引率する順番なのです。

車で五分ほどの所にあるその家には、五人の方々が来ておられました。お世話される社会福祉協議会の方が二人おられますので、私たちと合わせて全部で一二人がお届けした弁当を一緒にいただきます。

食事が終わり、○○さんと△△さんと□□さんと私と▽▽さんの自己紹介もすみました。いつもはこれからトランプなどの遊びで楽しいひとときを過ごしているのですが、今日は私がさつき園の利用者のことや、作業のことなどを皆さんにご紹介させていただきました。

そのために持参した『ごあんない』という、さつき園で作った利用者の一日を写真で紹介した冊子をご覧いただきながらあれこれ説明していた時のことです。

私はあることを説明するたびに○○さんに「そうよねー」と同意を求めていました。そしてそのたびに○○さんはていねいに「はい！」と答えてくれ、それを聞いたお年寄りたちは「あー、そうなんだねー」とうなずいておられました。それを何回か繰り返すうちに、そこにはある種のリズムのようなものが出来ていました。

ところが、「昼食の前にはこうして必ず手を消毒します」と私が写真を示しながら説明して、○○さんに「ね。そうよね」と言いながら同意を求めた時のこと。○○さんは、まるでそんなことは今初めて聞いたよ、とでもいうようなびっくりした表情で「えー⁉」と言ったのです……。

その「えー⁉」を言うタイミングと驚きの表情の見事なこと。でも「えーっ⁉」と言いたいのは私のほうです。「おい、おい。いつもやってるじゃん‼」と思わずテーブルにのめってしまいました。みんな、大爆笑です。

何とも、心温まる時間でした。

説明を終えると、五人の方々から異口同音にいろいろ温かいご感想をいただきました。そして、○○さんと△△さんと□□さんの三人にも温かい言葉をいただきました。

こうした時間を日本中のご高齢の方々がお若い頃にも体験していただいていたなら、社会はもっと変わっていたかもしれないなあー、と帰りの車を運転しながら思ったことでした。

一月三一日（月）　鬼は誰？

もう明日は二月です。

先週金曜日。作業も終わって午後三時過ぎの利用者終礼の時のこと。

終礼のために班ごとに並んでいた利用者に向けて、私が言います。

「来週はもう二月じゃのー。二月になると何があるんかいねー？」

「せつぶーん！」と元気のいい○○さん。

「そうじゃ。節分があるのー。みんなは節分には何をするんですか？」

「豆まきー！　おにはーそと！　ふくはーうち！」□□さんも負けてはいません。

「そうじゃのー。『鬼はー外、福はー内』ちゅうて豆まきをするんじゃのー」

「はーい」みんな、笑いながら口々に答えます。

そこで私、「鬼は誰かいのー？」と聞きます。

すると、すかさず大きな声で「えんちょうさーん！」ときました。

「ありゃ、園長が鬼かいのー？」

「そうじゃ、園長さんが鬼じゃ、園長さんが鬼じゃ」「園長さんに豆投げちゃろ！」

みんなも私も笑っています。

利用者とのこんな時間を大事にしたいのです。

二月八日（火）　一流との出会い

昨夜、さつき園から帰宅する際、運転する車の中でＮＨＫテレビの『鶴瓶の家族に乾杯』を聞きながら帰ってきました。

今回のゲストは、この五月にベルリン・フィルハーモニー管弦楽団の定期公演に出演するという、今や世界的な指揮者となった佐渡裕氏でした。

聞いていて驚きました。何と、彼が笑福亭鶴瓶氏と訪れた宮崎市で、たまたまのきっかけで知り合った地元の高校の合唱部と吹奏楽部の歌唱指導・演奏指導をしたのです。

ほんのわずかな時間でしたが、それは思いもよらないことでした。

と言うのも、この番組はゲストが行ってみたいと思う市や町や村に、ぶっつけ本番で鶴瓶氏と二人で出かけて、地元の人たちと触れ合うというもの。今回は、佐渡氏の希望で宮崎市を訪れたのですが、話を聞いていると、本来彼が行きたかったところは小倉だったらしいのです。それを彼は修学旅行の大事な思い出の場所を記憶違いしていて、何の所縁も思い出もない宮崎市を訪れることを希望し、来てしまったということでした。

つまり、本来ならば、彼が宮崎の高校の合唱部や吹奏楽部を指導することなどありえなかったのです。

しかし、現実には高校生を前に彼は指揮棒を振り、温かい励ましの言葉をかけ、大きな身振り手振りで若い演奏者たちを指導しました。彼ら高校生にとって奇跡が起きたのです。

本来ならば一生出会うことすらなかったかもしれない彼らと佐渡氏が出会ったのです。彼ら高校生は、どんなにか驚き、そして感激したことでしょう。考えてもみてほしい。世界一流の指揮者の指導を受けることが出来る日本の高校の合唱部や吹奏楽部の部員がいったい何人いるだろうか、と。

おそらくこのことは貴重な体験として、生涯、彼らの心に深く刻まれることでしょう。まったくの偶然であれ、若い彼らが一流に触れたことがうれしい。二流や三流では話にならない。世界の一流に若い彼らが触れることが出来たことが、私は心底うれしい。佐渡氏に感謝したい。番組に感謝したい。

私たちの人生で、世界の一流に触れることがいったい何度あるでしょうか。しかし、彼らにはあり得ないことが起こって、しかもそのことで彼らは世界の一流に触れることが出来たのです。彼らには、どうかこの体験を生涯忘れずに持ち続けてほしい、と願います。

科学技術は飛躍的に進み、情報はあふれにあふれている現代ですが、果たして今の若者に一流と触れ合う機会がどれほどあるでしょうか。人生を二流や三流でごまかしてはいないでしょうか。

たかがテレビと侮ってはいけない。あの宮崎の高校生にとって、この体験はかけがえのない一生の宝物だ。まさしく『奇跡の出会いに乾杯!!』といったところです。

一度でもいい、そんな出会いのある瞬間を体験したいものです。

三月一四日（月）　巨大地震が起こった

「園長さん、地震大丈夫じゃった？」と、〇〇さん。

「うん。大丈夫じゃったよ。〇〇さんは大丈夫じゃったかね？」

「うん。大丈夫じゃったよ。地震、怖いねー」

「そうじゃのー。ほんと、怖いのー」

今朝、何人かの利用者が通所して来るなり園長室にやって来て、真剣な眼差しで口々にそう言います。

利用者は先週金曜日の午後、東北・関東地方で起こったあの巨大地震・津波のことを、この周防大島や柳井や岩国で起こったことのように感じて心配しています。

被災した障害者はどうされたでしょうか。親ごさんたちはどうされたでしょうか。

あの日、あんなことが起こるなんて……。惨いものです。

県の社会福祉協議会やわが山口県知的障害者福祉協会事務局に電話を入れて支援について確認すると、とにかく「今は現地の状況が把握出来ないので、その情報収集や情報確認が先」とのこと。それぞれ全国社会福祉協議会や日本知的障害者福祉協会では、明日、明後日にかけて、そのことについての会議を東京で開くことになっているそうです。その結果を待ちたいと思います。

そして、それはそれでもちろん大事なことです。けれど、しかし……、いったい私たちに何が出来るというのでしょう。

私たちが、自然に守られ、自然に従い、時に自然にあらがいながら、長い時を生き続けてきたことは、いったい何だったのでしょうか。これまで命を削って大切に大切に、そして営々と積み上げてきた長い長い時間を、一瞬のうちに根こそぎ持っていかれても、それでも人はこれからもなお生きていかねばならないのでしょうか。

試練と言うにはあまりに惨い人と自然の在りようです。

三月二五日（金）　私たちの課題

所用が重なって先の連休中ずっと東京にいました。

計画停電の影響で、利用した私鉄は平常の八〇パーセントほどの運行で、しかも各駅停車のみ。車内空調も止めてありました。

盛んに駅の構内放送や車内放送でそれらについての注意喚起とお詫びを言っていましたが、乗客の誰一人として不満そうな不服そうな言動をする人は見ませんでした。淡々と、あるいは整然とと言うべきか、人々は落ち着いた表情と行動を見せていました。

それにしても、何という惨いことが起こるものでしょうか!!

何年もの間、日本中がみんなで耐え、励まし合い、支え合い続けねばなりません。根こそぎ持っていかれた時間と空間は、どうやったら取り戻せるのでしょうか。一年や二年でどうなるというものでもありますまい。当事者を含めた私たちの腹の括りようが、これからの時間と空間の創造、そして人間の在りようを決定します。

私たちにはマスメディアという何人もの他者を介した結果としての情報によるほか、現地の「現実」をうかがい知ることが出来ません。「現実」という膨大な情報のうちのわずかな情報。しかも記者たちそれぞれの恣意的な切り口によって伝えられる情報。それはマスメディアの限界、そして宿命。そしてそれは、それに頼らざるを得ない私たちの情報収集の限界と宿命。

何が真実なのか。どれが怪しい情報なのか。どれが作られた情報なのか。そしてどこが偏見なのか。常に私たちの見識と想像力が試されています。だから、私たちこそが方方の「現実」を共有する努力を怠ってはならないのです。

それは知的障害者福祉の現場と同じです。課題は私たちにこそ突きつけられているのです。

平成二三年度

四月五日（火）『北国の春』

テレビで、歌手の千昌夫が持ち歌である『北国の春』を熱唱している映像を見ました。彼の出身は岩手県陸前高田市とのこと。

「白樺青空南風こぶし咲くあの丘北国のああ北国の春
季節が都会ではわからないだろうと届いたおふくろの小さな包み
あの故郷《ふるさと》へ帰ろかな帰ろかな」
「雪どけせせらぎ丸木橋落葉松《からまつ》の芽がふく北国のああ北国の春
好きだとお互いに言いだせないまま別れてもう五年あの娘《こ》はどうしてる
あの故郷へ帰ろかな帰ろかな」
「山吹朝霧水車小屋わらべ唄聞こえる北国のああ北国の春
兄貴も親父似で無口な二人がたまには酒でも飲んでるだろか
あの故郷へ帰ろかな帰ろかな」

ここに歌われている「あの故郷《ふるさと》」の、そのすみずみにまで吹き渡っていた風やいたるところに刻まれていた時間は、今はもうどこにも見つけることが出来ません。

そして、「あの故郷」は思い出すのもつらく苦しい心の中の風景となってしまいました。

『北国の春』は「あの故郷」を出て、季節の分からない都会で暮らす若いもんの望郷の歌です。

若いもんは、「あの故郷」がひたすら辛抱強く支えていたからこそ、個人が頭数でしか認識されない都会でやんちゃしても生きていけたのです。その辛抱強かった故郷から、個が際立っていた故郷から、無数の人々と無数の家々と、そして何世代もかけてどうにか築き上げてきた自然との折り合いをつけた幾多の関係が、根こそぎ、当のその自然によって異次元に持っていかれた時、やんちゃし放題の都会の若いもんはどこに自分をつなぎとめようとするのでしょうか。

人の一生の長さと、人類の歴史と、自然と呼ぶ地球の歴史とを比べれば、それぞれの存在の長さの違いは歴然です。それ故、一人の人間は人類に従い、人類は自然である地球に従わざるを得ないのです。

けれど、それでも生き残ったからには生きねばならない。生き残った者は生きねばならない。そこに理屈はありません。それは子どもと同じで、生まれたからには生きねばならないのです。人間とはそうしたものなのです。

都会の若いもんは都会で頑張るほかはなく、そして、「あの故郷」で生き残った者は、今はもうない「あの故郷」の地でこれまでのようにまた辛抱強く、自然にまみれて生きていくほかはないのです。

四月一三日（水）　ふるさと

先週の、日差しも風もすっかり春めいた日の午後。久し振りにお昼の休み時間を利用して、園の前に広々と広がる田を囲む道を散歩しました。暖かさに誘われたのか、利用者もいつもより多くの人が散歩に出ています。

二周目に入ってしばらく行くと、散歩道の一角にしゃがみ込んでいる○○さんに出会いました。

「○○さん、どうしたんかね？」

「あっ、園長さん。これ見てください」

差し出した左手を見ると、たくさんのつくしを握っています。

「おっ、つくしかねー。よーけ摘んだもんじゃのー」

「はい。この辺にいっぱい生えてますよ」

「そんとによーけ摘んで、どうするんかね？」

「持って帰って、お母さんにゆでてもらいます」

「あー、それがええなー」
○○さんはいかにもうれしそうに、つくしの束を私の前に差し出します。
春になると、さつき園の周りには、例年、やわらかい日差しと温もりのある風と、青い空と

白い雲と屋代川の土手の桜と、そしてつくしもレンゲもモンシロチョウもやって来ます。

こんなところをふるさとに持つ人はうらやましい。

九州で生まれて、しばらくしてあっちで一〇年、そっちで二五年、そして岩国からさつき園に通って一五年。そんな私には『ここが私のふるさと』と呼ぶには、いずれの土地もしっくりこないものがあります。

だから、時に『私のふるさとはここ』と呼べるところを持つ人はうらやましいと思うのです。

しかし、今、日本には、そんなふるさとから家族を、家を、町を、友達を、そして思い出までも根こそぎ奪い去られてしまった人たちが大勢います。惨いことです。

その人たちは今どんな思いでおられるのでしょうか。『ここが私のふるさと』と実感できる自然や風景を持てない人生を歩んでいる私には、分かりません。想像がつきかねます。

また○○さんはつくしを摘み始めました。私はそんな思いに揺れながら二周目の散歩の続きを歩き始めます。

四月二二日（金）「園長さんお元気ですか」

午後、山口市内での一泊二日の会議が終わってさつき園に戻りました。

すると、いつものように机の上には書類や資料、そして来客や電話のメモなどが溜まっています。それらに目を通したり、電話をかけたり、必要なものには印鑑を押したりなどしていると、午後の時間はあっという間に過ぎていきます。

そんな今日、勤務を終えた職員が帰りがけに一〇通余りの茶色の封筒を私に手渡します。

「はい、ありがとう」と言って受け取るその封筒はすべて利用者の〇〇さんからの手紙です。もう何年も続いている〇〇さんからのお便りです。その中の一通。

『園長さん
お元気ですか
わたしは
まいにちのように
か（が）んばっています
これからもね
いつまでも
か（が）んばりますよう　〇〇〇〇』

ピンクの花びらの絵柄がいくつも描かれている便箋に、それは書かれていました。あとの二枚には、小さな四角で囲んだ中に「にんぎょひめ」や「かえる」や「いるか」や「ほし」や「かさ」や「ありがとう」と題された絵が描かれています。ほかの封筒にも同じように、〇〇さんの思いを綴った便りや絵が描かれて小さく畳まれた便箋やチラシがたくさん入っているのです。

やや疲れ気味で出張から帰って来て、『園長さんお元気ですかわたしはまいにちのようにかんばっています……』と書かれた便りを読んでごらんなさい。「あー、疲れた」なんて、とてもとても言えたもんではありません。しかも『これからもねいつまでもかんばりますよう』と言われては、こちらも元気を出さざるを得ません。

だからいつも実感するのです。私たちは「支援、支援」なんて偉そうに言っているけれど、いったいどっちが支援されているんだって。

知的障害者と言われている利用者を私たちの枠にはめ込んで、あれこれもっともらしく言い募った揚句、結果として黙殺まがいの扱いをしていることはないか。

常に、利用者を丸ごと受け容れることから始めるのだ、と自覚そして自戒しないと、福祉は単なる自己満足の繰り返しになってしまいます。

口数の少ない利用者は口数が少ないからこそ、あらゆる手段で私たちに己を発信し続けているのです。

五月一一日（水）　脇の甘さ

脇が甘いな、と思う人がいる。

脇が甘いよ、と思う組織がある。

すきがあるな、と思う人がいる。
すきだらけだぜ、と思う組織がある。

脇を締めろ!!
すきを見せるな!!

五月二三日（月）『野風増《のふうぞ》』

先日、テレビで久し振りの歌を聴いた。『野風増』という歌だ。皆さんはご存じだろうか。その時は橋幸夫が歌っていたが、もともとこの歌は今は亡き河島英五がその野太い声で歌っていた歌だ。

お前が二十歳になったら酒場で二人で飲みたいものだ
ぶっかき氷に焼酎入れてつまみはスルメかエイのひれ
お前が二十歳になったら想い出話で飲みたいものだ
したたか飲んでダミ声上げてお前の二十歳を祝うのさ
いいか男は生意気ぐらいが丁度いい
いいか男は大きな夢を持て

野風増野風増男は夢を持て

私には、この歌を聴くと鮮烈に思い出すあるシーンがある。

かれこれ二五年ほども前になるだろうか。私より一回りほど年長のその人は東京の一流企業のサラリーマンだった。九州の有名な大学では応援団にいたと聞いた。そのせいかその人の声は大きく太かった。

ある時、会合のあとの飲み会の席でその人がこの『野風増』を歌ったのだ。私は、その時、初めて聴いたこの歌の歌詞を耳にして泣きそうになった。

その人には三人の子どもがいたが、長男は障害児だった。それも知的な障害が重く、しかも重度の肢体不自由もあり、意思表示もままならない寝たきりの重症心身障害児だったのだ。

その時、その長男は何歳だったのか。

マイクを手に、太い声で歌うその人の目には涙が光っていた。私は彼の顔をまともには見ることが出来なかった。

テレビを見ていた私の中で、その人が最後は声が裏返らんばかりに歌っていたその時の情景が鮮やかに蘇っていた。

何故、あの日あの時、その人がこの歌を歌ったのかは分からない。でも、当時、私はその人が歌うその歌声を聴きながら、障害児を持つ親の気持ちが少し分かったような気がしていたことを思い出す。

お前が二十歳になったら酒場で二人で飲みたいものだ……

その人はどう心の整理をつけたのだろうか。それとも、未だに心の整理がつかないでいるのだろうか。

人は、自分の人生といえど、自分で選ぶことなど出来ないのだ。

六月一〇日（金）　二種類の人間

二種類の人間がいます。

わずかでも他人に非があれば、たとえ残り全部の非が自分にあったとしても一切謝ることなく他人を責める人間と、わずかでも自分に非があると思えば、いかに残り全部の非が他人にあったとしても、まず自分が謝る人間、の二種類です。

世の中にはここぞという場面で、わずかであっても非は非として認め、謝り、自らがその場を引き受ける強いやさしさを持った人がいます。

そうかと思えば、まったく自分に非がなくても謝ってしまう人もいます。さつき園の利用者の〇〇さんもそうです。まったく自分に非がないことであっても、いつも「すみません」と謝ってしまうのです。自分からまず謝ることでそこでの人間関係を見かけ上、丸く収めようとするのでしょうか。いつも「ごめんなさい」と謝ってばかりで卑屈になってもらっても困るのですが……。そういう凌ぎ方をせざるを得ない人間関係の中でずっと生きてきたのか、と聞いているこちらが切なくなってしまいます。

さつき園の利用者一人ひとりのこれまでの人生を辿ることが出来るとしたら、きっと多くは、たとえ自分に非がなくても周囲から謝ることを強いられてきた人生だったのではないでしょうか。そう思うと胸が痛みます。

そう思うから、なおさらさつき園にいる時は『明るく楽しく』過ごしてほしいと願うのです。『明るく楽しく』はさつき園のモットーであり、願いなのです。

六月二一日（火）　親亡きあとの現実

成年後見制度において、成年後見人は本人（言うところの事理弁識能力を欠く状態にあり、意思能力がないとされる人、つまり後見を受ける被後見人）の財産を管理するための権限や義務を法により与えられます。しかし、当然ながら財産を「管理する」ことと、財産を「有効に使う」こととは同じではありません。

成年後見人にとって本人の財産を管理することは大事な任務の一つです。ところが、通常の生活を超えて、被後見人の生活をより豊かに、より幸せにするために有効と思われる行為や物のためにその財産を費やすこと、その反対の、財産を殖やすなどという利殖行為、これらについてはいずれも任務外のこととなっています。法はそれらの行為を認めてはいません。成年後見人はただひたすら本人の財産を「管理する」ための権限や義務を負っているだけなのです。

とすれば、順番からいけば自分が先に亡くなるからと、親亡きあとを心配して知的障害者の親が一生懸命にその子名義の預貯金を残したとしても、多くの場合、それは通常の生活を維持するために消費する以外に使い道はなく、子の死亡と同時に、結局大半の預貯金は親族に遺産相続されて終わり、ということになるだけではないでしょうか。それは親の望んだことでしょうか。大いに疑問です。

親亡きあとでも、財産があればあるほど、わが子は幸せに暮らせるのだと信じるから、親は本人名義の預貯金を殖やそうとするのでしょう。けれど、親亡きあと、いったい誰がその思いを現実場面で実践し保障してくれるというのでしょう。親亡きあとの本人の人生や生活が豊かで幸せであってほしいと願った親の思いは、いったい誰が達成してくれるのでしょうか。

親も亡くなり、そして身寄りもなくなったとしても、親の思いのこもったそれらの財産が本人が生きている間に本人のために有効に使われるようにするには、どうすれば良いのでしょうか。どうすれば、ひたすら知的障害の子の幸せを願う親の、親亡きあとへの切実な思いを実現することが出来るのでしょうか。現在の成年後見制度ではそれは叶いそうにありません。

しかし、それでもなお親は親亡きあとの子の人生や生活を案ずるものでしょう。ならば、親に残されたことはどんなに逆説的に聞こえようとも、子と生きる「今」を大事に、そして一生懸命に生きるほか、親には為す術がないということかもしれません。

六月二八日（火） 古巣での講演

一昨日、山口市で山口県重症心身障害児（者）を守る会の定期総会が開かれました。依頼されて、講演をさせていただきました。演題は「守る会で学んだことと守る会に期待すること」です。九〇分の予定時間を二〇分ほどオーバーしてしまいました。

重症心身障害児（者）との関わり、その保護者との関わり、それが私の福祉の原点です。今、さつき園にいて思うことは、知的障害者福祉も重症心身障害児（者）福祉も原点は同じ、ということです。

全国重症心身障害児（者）を守る会という全国組織の親の会事務局に約二〇年。知的障害者通所授産施設さつき園に約一五年。私はこれまでこの二つの組織で、それぞれ障害者福祉の仕事をさせてもらってきました。

「古川さん、あんたには重症児をもつ親の気持ちなんか分からんよ‼」と、議論の途中である父親から突っぱねられたこともありました。日頃からよく頑張るなあと思っていた母親の口から「いいね、あんたたちは。嫌になればこの重症児の世界から出て行かれて。私も出来るもんなら親を卒業したいよ」という思わぬ言葉も聞きました。

私はその都度その都度、「この親ごさんたちとの関係をどう止揚すればいいのか……」と、一生懸命に考え、答えを求めてきました。また、障害者福祉の問題はその親ごさんや家族をも含めた問題として捉えることが大事で、ただ障害者本人のことだけを見ていたのでは何も解決しないし、何も前に進まない、ということも何度も実感させられました。

そして行き着いたのは、「彼ら障害者は私だったかもしれない」という存在の偶然性をしっかり受け止めようという覚悟です。

そんないろんな思いを込めて、県守る会の定期総会に参加された親ごさんたちに、たとえば親の会という運動組織体はどうあるべきかを、守る会での二〇年、さつき園での一五年の、私の体験を絡めてお話させていただきました。

総会の最後の意見交換の時、「今日、古川さんの講演を聞いて、障害者の兄弟姉妹のことを思ってくれている人もいるんだと知ってとてもうれしかったです」という、重症心身障害の兄を持つ弟さんからの発言がありました。両親はすでになく、母親は『お兄ちゃんを頼むよ』と言って亡くなったそうです。

親は結婚して子が出来て、その子に障害がある時、初めて障害児との関係が出来るのですが、兄弟姉妹は、たとえば弟か妹は自分が生まれた時にはすでに障害の兄か姉がいます。反対に、兄か姉は自分が物ごころがつく頃には障害の弟か妹がいるのです。障害者のことなど自分の人生には無関係だった青春時代を過ごした親と、人生の初めから常に障害者を意識せずにはいられない人生を歩む障害者の兄弟姉妹。彼らの苦悩は、だから親といえども分からないのです。障害者福祉に携わり、そうした方々の様々な人生に関わる私たちには、形は違っても個々それぞれにそれなりの覚悟がいるのです。

参加の親ごさんや兄弟姉妹の方々に語りかけながら、私も自分自身の覚悟を改めて確認させられていました。

七月九日（土）　一枚の写真

先週の木曜日から金曜日にかけて、さつき園は一泊二日の園旅行で鳥取県に出かけて来ました。利用者・保護者・職員、総勢六八名のバス二台の旅です。

週明け、私は携帯電話でその時撮った『とっとり花回廊』の緑の木立と、その遥かな先に、頂上付近に白い雲をたなびかせた雄大な大山の写真をA4のコピー用紙に印刷してきて、園長室の壁に貼りました。

その壁にはカレンダーや今年開かれる山口国体関係のいくつかのパンフレットやチラシ、そしてエコキャップの資料や周防大島町の地図など、何やらかにやらを適当に貼っています。だからちょっと見には、いったい何が貼ってあるのか、ほかの人にはすぐには分かりません。

ところが、今日に至るまでそこにその写真が貼ってあることに、園長室に出入りする利用者、職員の誰も気が付かないらしいのに、たった一人、利用者の○○さんだけは何と私が貼ったその日の朝、いつものように園長室に顔を出すと、すぐにそれに気が付いたのです。

「あっ、これ、この前行ったところじゃね。暑かったよねえー」

写真を指差しながら、うれしそうにそう言います。

あんなにチラシやパンフレットや地図などがごちゃごちゃ貼ってあるのに、そこに新しく一枚の写真が貼り足されているその変化に気づく○○さんの感覚の鋭さに、いまさらながらびっくりさせられました。

それは私が、利用者と私たちとは明らかにこの世界の見え方、感じ方が違うと思わせられる瞬間です。

そしてそれは、私たちがどれだけ努力すれば彼らの感性に近づくことが出来、どれだけ努力すれば彼らを理解することが出来るようになるのだろうかと、呆然と立ち尽くす瞬間でもあります。

七月二二日（金）　メッセンジャー

例年この時期、全国高校野球選手権大会いわゆる「夏の甲子園」の地区大会が開かれている時、利用者の中には作業の休憩時間にテレビで知ったのか、試合の途中経過を知らせてくれる人が何人かいます。

その中の一人、○○さんが午後二時の休憩時間に意気込んで園長室にやって来ました。

「あのね、今ね、二対一よ、二対一」

「オー、そうかね。どことどこがやりよるんかね？」

「うーん、えーとね、えーとね、柳井か……」

「柳井とどこかね」「うーん、徳山か……」

「そうかね。で、今は何回かね？」「うーん、四回か七回か……」

せっかく知らせてくれたので、私も何とか『ありがとう』と言いたいのですが、なかなかそれが言える流れになりません。

「暑いのに高校生もよう頑張っちょるねー」「うん、ヒット打っちょったよ」

「オー、そうかね。あんたらも作業頑張ってよ!!」「うーん」

「教えてくれてありがとね」「うん!!」

やっと、ありがとうが言えました。

七月二九日（金） 高校一年生の障害者施設実習

今週の月曜日・火曜日・水曜日と、今年も周防大島高校福祉科の一年生三一人が三班に分かれて、それぞれ一日ずつさつき園に付き合ってくれました。午前と午後で異なる作業班に入って、利用者と一緒に作業に取り組みました。

三日間とも、「せっかくの機会ですから、利用者とたくさん話をしてください。名前を言ったり、名前を聞いたり、『暑いですね』とか『家はどこですか』とか、きっかけは何でもいいですからどんどん話をしてください」と、最初に園長からお願いしました。

その、さつき園での施設実習の感想文が今日、周防大島高校から届きました。

それを読むと、実習前、彼らは障害者に対して、暗い、怖い、などの先入観を持っていたようでした。でも、短かったけれど今回の実習で利用者と同じ時間と空間を共有する中で、彼らは「利用者の方が話しかけてくださってうれしかった」「話が出来て楽しかった」など、一生懸命に利用者と話をしようと努力し、会話を楽しんでくれていました。

感想文には「さつき園の利用者の方は集中力がすごい。明るい。元気がいい。人一倍頑張っている」などの感想が異口同音に書かれていました。そして、その中には「僕はこの実習で知的障害者のイメージが変わったような気がします」と書いた人もいました。

その三日間が過ぎて、利用者が言います。

「今度はいつ来るんかねぇー」

利用者も楽しかったようです。

高校生諸君、ぜひ、また来てください！　みんなが待ってます！

八月二日（火）　草取りとなでしこジャパン

あるところで、偶然、こんな会話を耳にしました。

「お宅の庭はいつもきれいですねぇー」「そうですかねー」

「全然草が生えないで、いいですねぇー」「……」

聞いた私は思わず笑ってしまいました。

見ると、そう言われた相手の方も、どう返事したものかといったような困った笑顔をしておられました。

何故って、草の生えない庭などないでしょうに。ましてや、そのお宅の庭だけ草が生えないなんてありえません。それはきっとそのお宅の方が毎日のように、庭の草を短いうちから抜くなどして、こまめに手入れをされているから、草の生えていない、きれいな庭になっているのでしょう。

日常生活の中で、似たような場面をよく見聞きしますね。自分の努力不足や心掛けの悪さは棚上げにしておきながら、しかし、他人と同じようないい結果をほしがっている……。

努力と結果は対です。

なでしこジャパンがそれを証明してくれました。私が彼女たちから学んだことは、
一つ、常に個人の技術を磨く。

一つ、常に全体を見る。その組織、その場面、その瞬間。

一つ、常に組織内でのコミュニケーションを図る。

一つ、とにかく走る。

彼女たちの前にどれだけの先人たちが日本に女子サッカーを認知させるために、人知れぬ努力を積み重ねてきたか。そして、澤穂希選手や宮間あや選手を始めとするＦＩＦＡ女子ワールドカップ初優勝チームの面々がどれほど陰で努力してきたか。

七月一九日（火）付の読売新聞には「情熱だけが強みだった。選手は『今は駄目でも、未来の選手のために頑張ろう』と走り続けた」という一文が載っています。

未来のために、頑張り努力する情熱と勇気を持ちたいものです。

八月一六日（火）　ゴミの分別

さつき園は八月一二日の金曜日から昨日一五日の月曜日までお盆の休園でした。

そのお休みの間にわが家の粗大ごみの処理をしました。

古くなった布団と毛布と、そして木製の家具を処分するために、それらを車で処分場へ運び込んだのです。

すると、何と「ここで全部の処分は出来ません」と言われてしまいました。

というのも、「木製の家具はここで処分出来ますが、布団はここでは処分出来ません。第一工場へ持ち込んでください。それから毛布は資源ごみの処理場へ持って行ってください」とのことなのです。

暑い日中、乗用車一台分の粗大ゴミを三ヵ所にも分けて運び込むことになろうとは、予想外のことで、汗も噴き出す思いでした。

ゴミの分別は大事なことです。

もちろん大事なことと分かってはいるのですが、連日の暑さへのイライラもあり、また思わぬ指摘を受けたこともあり、ちょっと参ってしまいました。分かっているつもりで、案外、分かっていなかったのです。日頃からもっと関心を寄せておくべきだったと、反省しきりです。

八月一八日（木） お母さんの死

「園長さん、お母さんが死んでしもうた」

先月末、○○さんからさつき園に電話がありました。○○さんは半べそです。

お母さん思いの○○さんは、それまでさつき園のグループホームで生活をしていたのですが、七年ほど前に、家庭の事情でお姉さんがお母さんを引き取って広島県で生活することになったのを機に、本人も長年住んでいたグループホームを出て、お母さんと一緒に住む道を選んでいたのです。

その後は、判で押したように二ヵ月に一度、お姉さんの運転する車でさつき園の利用者や職員に会いに来てくれていました。

その○○さんが受話器の向こうで涙声になっています。

聞いてびっくりです。お母さんが入院中だったことは以前の電話で聞いてはいたのですが……。八八歳だったそうです。

「園長さん、さびしい」

私に、返す言葉はありませんでした。

そして昨日、○○さんがいつものようにお姉さんの運転する車でさつき園にやって来ました。しかし、残念ながら、私は会議で山口市へ出かけざるを得ず、会うことが出来ませんでした。夕方、園に戻って職員に○○さんの様子を聞くと、「それが、来てしばらくしたら、すぐに帰ってしまいました」とのこと。どうしたことでしょうか。

気になって、今朝、さつき園から○○さんに電話をかけました。

「昨日はおらんでごめんね」

「うん」

「えらい早ように帰ってしもうたらしいじゃないかね。どうしたんかね」

「うん」

「何で?」

「さみしかったけぇー」

「そうか。さみしかったんか……。んー、そうじゃのう、さみしいじゃろうのう……」

「園長さん……」

「はい」

「死にたい気持ちじゃー」

「えっ！　何を言いよるんかねー」

こんな時、何をどう言えばいいのでしょうか。

お母さん思いの○○さんのこれからの人生を、さつき園は支えることが出来るでしょうか。そんなことはおこがましいことでしょうか。僭越でしょうか。越権でしょうか。

でも、考えるのです。さつき園に何が出来るか、を。さつき園に出来ることはないか、を。

電話を切るときの私の言葉に、ちょこっと○○さんが笑ったのがわずかに救いでした。

八月二五日（木）　ＡＥＤ（自動体外式除細動器）

私の知り合いの若者はＡＥＤのおかげで、一度死んだ命をこの世につなぎとめることが出来た。

それは今年の一月のこと。

夜、奥さんが、隣りで寝ていた彼の発した大きなうめき声に驚いて救急車を呼んだ。電話を受けた消防では、その情況がかなり緊急で深刻と判断したのか、救急車に救急救命士が同乗して来たという。その間、彼は心停止状態。

ＡＥＤを二度使用したが、彼の心臓は動かなかったそうだ。通常なら、それで一巻の終わりとなるかもしれないところだが、患者があまりにも若い（二七歳）ということで「もう一度やってみよう」と三回目を試みたら、何とそれで心臓が動き始めたというのだ。

しかし、それで意識が戻ったわけではなかった。彼の意識が戻ったのは約半日後の、翌日の午後だった。

この話を、彼の両親からこのお盆に聞かされて驚いた。びっくりしながら聞いていたので、事実関係の正確さには自信がない。が、ＡＥＤを二回でやめずに、よくも三回目を試みてくれたものだと感謝した。

私たちも「念のために」とか、「ひょっとして」などと思って、やってみたり確かめたりすることがある。

知り合いの若者はそのおかげで、この世に命をつなぎとめることが出来た。

九月五日（月）「私はねぇ、戦争を知らんのよ」

お昼の食事時間のこと。

食事を終えた○○さんが薬を飲むのを忘れていたと、やおら薬を取り出して飲もうとしています。

「○○さんは薬を飲むんかね」と私。

「はい」「何の薬かね？」「肩こりの薬です」「ほー、肩こりの薬ちゅうのがあるんかね」「はい、ありますよ」

このやり取りを同じテーブルで食事をしながら聞いていた△△さんが口を挟みます。

「○○さんは、はー七八じゃけぇー肩がこるんよ」

「えー⁉　○○さんはまだ七八歳じゃなかろー。そんな歳じゃーないよねー」と私。

すると、そう言われた○○さんの、怒るでもなくあわてるでもない、その返す言葉がふるっていました。

「△△さん、あのね、私はねぇ、戦争を知らんのよ」（うまい‼）

そう返された△△さん。何のことやらと、また黙々と食事を続けています。

いつもの楽しい昼食のひとときです。

九月一一日（日）　輪番

権力を持たせるから抗争するようになるのです。

選挙があるから人におもねるようになるのです。

だから、国会議員も地域の自治会の役員や学校の週番と同じように、輪番制でやるがいいのです。

自分は人より秀でていると勘違いしている人間がいます。それらが人の上に立ちたがります。

みんなで順番に、地域の安全と環境に気を配り、お互いへの声かけの励行を促し、ゴミ出しの面倒をみる役目を、回り持ちの輪番制でやるがいいのです。

国などというものは、民族の大きな幻想です。

国がやらないから仕方なく個人がやるのではないのです。国などにやらせずに個人がやる、のです。

東北の復興も然り。福祉の実践も然り。

個々人のあらゆる生活現場での取り組みは、すでに国を超えているのです。

個人を超える国など存在しません。

けれど、私たちはいつの頃からか国という幻想にすがるようになりました。

「来週の利用者さん当番は、男性は○○さん、女性は△△さんです」

週の終わりの職員終礼で、担当職員がこう報告します。さつき園では、利用者全員が順番で各週の当番を担当します。

大きなことも、小さなことも、個人個人が輪番で担当するがいいのです。

九月二八日（水）　惨い会話

朝のこと。園長室の前の廊下の先から、利用者の話し声が聞こえてきます。

「お母さん、どうしたんかね？」と、○○さん。

「退院した」と、□□さん。

「退院したんかね」と、○○さん。

「うん。でも、また入院するかもしれん……」

と、ここまでは利用者みんなが揃う前の、いつもの雰囲気の朝の会話です。

しかし、今日はそのあとがもうびっくりの展開でした。

いきなり、「もう、ダメじゃろー」と、○○さんが言ったのです。

「……」□□さんの返事が聞こえてきません。

しかし、□□さんの返事がなくても○○さんは構わず言葉を続けます。

「ダメならどうする？」

「どうしようかなあー」と、□□さん。

「もうダメよ。ダメならどうする？」と、さらに追い打ちをかける○○さん。

園長室で聞いていて、思わず腰が浮きかけました。何とも惨い会話を平気でするものです。

しかし、だからといって、お互い同士、気まずい雰囲気になるわけでも、言い争いになるわけでもありません。私には惨いと思われるこんな会話を、利用者はいとも簡単にやってのけます。

知的障害者の言動が誤解される原因がここにあります。言葉どおり、あるいは行為どおりに受け取るととんでもないことになる内容でも、知的障害者にしてみれば（今朝の○○さんにしてみれば）これまでの己の人生で身に付けた精一杯の、人に対する慰めなのかもしれないのです。

私たちは、職業人としてではなく、まず人として、利用者である知的障害者の心の状態にもっともっと関心を持ち、神経をそそぐべきなのではないでしょうか。

私たちに必要なことは、利用者に対して何をするかではなく、利用者の心の状態がどうであるかを理解することなのではないでしょうか。私たちが利用者の心の状態を理解しようとしない限り、利用者は私たちに心を開けないいし、開かないのではないか……、と思うのです。上辺だけの支援など、誰も望んではいません。

一〇月三日（月）　つい笑ってしまった会話

その一
先週のある日のこと。朝、園長室に顔を出した〇〇さん。あいさつもそこそこに、「昨日の広島・中日はどうじゃった？」と聞いてきました。

「引き分け、引き分け」と私。

「引き分け⁉」と聞き直す〇〇さん。

「うん、引き分け」と私。

「引き分けかぁー」と〇〇さん。

「うん、引き分けじゃー」と私。

すると〇〇さん、「どっちも引き分け？」と、きた。

「うっ⁉　そう、どっちも引き分けじゃー」

私、一瞬、返答に詰まってしまいそうになりました。

その二
先週の土曜日（一〇月一日）、島根県出雲市で第五一回中国地区知的障害関係施設親善球技大会が開かれました。立場上、その大会に主催者側の一人として出かけて来ました。島根、鳥取、岡山、広島、そして山口の五県から選手が集まって、ソフトボール、フットベースボール、バドミントン、卓球、フライングディスク、そしてボウリングの六種類の競技を行います。

各競技を見て回っていたのですが、山口県代表と鳥取県代表が対戦しているフットベースボールを観戦していた時のことです。

試合は四回まで進んで、得点は一一対六で山口県チームが負けていました。ちょうど山口県チームのベンチのすぐ近くで応援しながら観戦していたので、ベンチでの会話が良く聞こえます。と、山口県チームの攻撃の時にベンチにいたある選手が隣りにいた選手にこうたずねました。

「あと何点取らんにゃいけんかねぇ？」

一一対六ですので、聞かれた選手が引き算が出来れば「あと五点取れば同点じゃ」と答えるだろうし、残念ながら、もし引き算が出来なければ「よう分からん」とか何とか答えるだろうな、と思いながら、私もその返事を待つともなく待っていました。

ところが聞かれた彼の答えは予想したそのどちらでもなく、思わず「うまいっ!!」と唸ってしまう、いい答えだったのです。

「あと何点取らんにゃいけんかねぇ?」と聞かれて、隣りの彼はこう答えたのです。

「いっぱい!!」

そうです。一一対六で負けているので、いっぱい点を取らなくてはいけないのです。何という見事な答えでしょう。聞いた私は思わず息を殺して、一人、笑っていました。

出雲では神あり月の一〇月。その秋晴れの空の下での親善球技大会、万歳!!です。

一〇月一九日（水）　日常を取り戻すこと

お久し振りです。

ご無沙汰している間に「おいでませ！　山口国体」も終わりました（二二日からは全国障害者スポーツ大会「おいでませ！　山口大会」が始まります）。

三月一一日からすでに七ヵ月が経ちました。

遅々として進まぬ被災地復興。そして繰り返し発せられる「被災地の方々に元気を与えたい！」というコメント。

しかし、被災された方々へ、敢えて申し上げたい。「復興は自らが起ち上がることでしか成されない。そう覚悟を決められてはどうでしょうか」と。

また、日常を取り戻すことが依然として厳しい状況であるにもかかわらず、「被災地の方々に元気を与えたい！」という様々な形での押し付けに、「元気をいただきました」とやさしい笑顔でお応えいただくことに、胸が痛みます。

己の発言や行為が他人の辛抱強さとやさしさに寄りかかることで、辛うじて形をなしているのだと気づかないおこがましさはどうでしょう。その結果、被災された方々は二重に耐えることを強いられているのです。

こんな時私たちに出来ることは、黙って私たち自身の日常を懸命に生きることしかありません。日常を取り戻そうとする者は己の日常を懸命に生きる者に無言のうちに共鳴し、元気と勇気を奮い立たせ、失った日常を取り戻すきつさや辛さを試練として乗り越えるのです。

一〇月二七日（木）「山口の風に……」

「おいでませ！　山口国体」に続き、二四日、「おいでませ！　山口大会」（全国障害者スポーツ大会）が無事閉幕しました。

その山口大会ではきらら博記念公園内の会場でフライングディスク競技が行われました。私はそのディスタンス（いかに遠くまでディスクを飛ばすかを競う種目）の表彰式でのメダル授与の役を仰せつかった一人でした。

広い芝生のグラウンドで、全国各地からの参加選手が四七組に分かれて（一組六人〜八人）競技が行われます。身体障害、知的障害など多くの障害者が日頃の練習の成果を競います。

各組ごとに競技結果が集計されて、その組ごとに金・銀・銅が決まります。表彰式では三位までの記録がアナウンスされたあと、それぞれの選手の首にメダルをかけ、健闘をたたえ、記念品を渡すのです。

そのあと、各組の金メダル選手へのインタビューが行われました。

何組目かの表彰式が終わったあと、その組の金メダリストへのインタビューの時のことです。

「金メダルおめでとうございます。新記録が出ました。今のお気持ちをお聞かせください」という質問に、金メダルを首にかけたその彼はこう答えたのです。

「山口の風に感謝します！」

その場にいて、その言葉を聞いた私たちは、皆一斉に「おー」と歓声を上げ、思わず大きな拍手を送っていました。

そこには、今回の全国障害者スポーツ大会の開催県である山口県へのお礼の気持ちがこもり、そして風という自然に対する畏敬の念を示し、金メダルを取っても自分の力を誇示せず、常に謙虚さを忘れないその人の姿勢が見事に表現されていると思えたのです。しかも、屋外で行われるフライングディスクという競技は風を巧みに利用することも大事な技術の一つです。そういうこともあって、これはフライングディスク競技ならではの感想でもあります。見事な言葉でした。

今、私を含めて私の周りに、今の自分の置かれた立場をしっかり踏まえて、これほどの自然認識と自己表現とが出来る人がいるでしょうか。常に周囲に感謝し、自然への畏敬の念を持ち、自己を顕示することよりも謙虚にある精神。

「山口の風に感謝します！」

このひとことで、私には忘れられない瞬間、忘れられない大会となりました。

一一月八日（火）　無償の意志

テレビであるドキュメンタリー番組を見ました。

三月一一日に起こった東日本大震災でその地区は壊滅的な被害を被りました。家々はその土台を残すだけですべてなくなってしまいました。大事な船もすべて奪われてしまいました。そして震災直後の数日間、その地区には救援の手はまったく届くことがなかったのです。

地区の人たちは壊れた家々の中から食料を探し出し、寒さを凌ぐ品々をかき集め、お互いを励まし、和を保ち、生き残った者およそ二百人、皆で必死で生き延びる——。

ところが、その次の展開に私は驚かされました。

それは現代という時代をまざまざと感じさせられた瞬間でした。

一人の若者が無事だったパソコンを使い、インターネットでその地区のホームページを立ち上げ、自分たちの日々、自分たちの現実、そして自分たちの窮状を世界に向け発信し始めたのです。

するとどうでしょう。日本各地から支援、応援の手が差し伸べられてきたのです。日本の各地から、トラックで建築資材が届けられ、大きな風呂桶が届けられ、皆で作った新しい山道に敷く砂利も届けられたのです。もちろんすべて無償の行為です。

現代は、その意志さえあれば見知らぬ者同士が瞬時に関係を作ることが出来る時代か。その意志さえあれば、人を支えることも、恐ろしいことだが破滅させることも、出来る時代か。それらはマジックショーのように目にも鮮やかに瞬時に可能になるのか。

とすれば、見知らぬ者同士の私たちに、お互いを支えようとするその無償の意志さえあれば、被災者は被災者ではなくなる、か。そして、見知らぬ者同士の私たちにお互いを支えようとするその無償の意志さえあれば、障害者は障害者ではなくなる、か。

そのテレビ番組で、図らずも現代という時代の姿を思い知らされたのです。

一一月一二日（土）　社会福祉の命題

平成一五年度に、長かった措置制度が終わりを告げると、その後、次第に「経営」という言葉が社会福祉の分野でもよく使われるようになりました。いや、近年はもっとより積極的に企業の経営感覚を導入すべきだと主張する向きもあります。

そこには企業が志向する顧客満足の追求と費用対効果に、社会福祉事業者はもっと自覚的、意識的、あるいは挑戦的であるべしという、少なからぬ批判的な視点があるように思います。通俗的な言葉で言えば、「福祉の世界の経営感覚は甘いんじゃないの」といったところでしょうか。

一般に企業を経営することは、平たく言えば「いかに商売を続けていくか」ということでしょう。それは「儲かりまっか？」「ぼちぼちでんなぁ！」の世界です。とにもかくにも、まずは「儲かりまっか？」から始まる世界です。それが経営なのです。そして利益を出せない企業、あるいは商売は撤退し、潰れていくのです。

経営は利益、です。あくまでも利益を得ることが目的です。もちろん、その利益の一部で社会貢献をという方向性もありますが、企業は最初からそれを目的としているわけではありません。それは目的を達成した結果、派生したことです。

しかし、私たちが携わるのは「儲かりまっか？」で始まる世界ではありません。私たちが携わっているのは足し算や引き算で何とか利益を残そう、残すことが目的だ、という世界ではないのです。私たちが立つのは、もちろん経営を疎かには出来ませんが、経営を超えた社会福祉の使命を全うする世界です。

ですから、あまりに声高に「経営、経営」と言い募ると、社会福祉は利益を得ることに重心をかけたものとなり、本来の使命を放棄した単なる一つの産業形態に堕してしまいます。私たちには、社会福祉を経営しながらも社会福祉に携わる者としての使命を忘れず、それを具現化、継承していくことが、社会から期待され、求められているのです。そのことは「以って瞑すべし」です。

社会の期待と理解と支持があってこそ、初めて社会福祉はその存在意義と存在価値が認められるのです。

社会福祉は社会から負託され課せられた、私たちの胸に熱い命題なのです。

一一月一五日（火） まず、信じることから

昨日のお昼の食事時間、食堂でのことです。

一旦席に着いて食事を始めていた○○さんが、何か用を思い出したのか、不意に立ち上がって食堂から出て行きました。トイレかもしれません。その日の検食担当だった私は、利用者の手洗いや消毒の様子を確認せねばなりませんので、立っているべき洗面台の側に立ったまま、その様子を見送っていました。

しばらくして食堂に戻って来た○○さん。しかし、消毒をせずに席に着こうとします。

私はすかさず、「○○さん、食堂から出て帰って来たら手を消毒し直してください」と注意します。

すると案の定、○○さんは素直に従いません。私の顔をちらちら見ながら、ゆっくり自分の席に着こうとします。

それを見ていて、私は「○○さん、手を消毒してよ」ともう一度、消毒するように促します。が、もうそれ以上は何も言いません。そして○○さんに視線も向けません。これが、こんな時の私のやり方です。

そこでしつこく言っても、何も得るものはないと思うからです。私が消毒を強いて、その時は○○さんが消毒したとしても、○○さんの気持ちには反発心が残るだけです。今度からちゃんとしよう、という気持ちにはならないと思うのです。

それ以上注意もしないし、消毒を促しもしません。ほかの利用者が見ていますので、本来はその時に消毒をしてもらうのが良いのでしょうが、敢えてもう気に留めない素振りをとるのです。

すると、ややあって○○さんが立ち上がりながら、こう言いました。

「あっ、消毒するのを忘れとった！」

そして、消毒器に近づいて来て、きちんといつものように消毒をします。私はそれを確認して、○○さんに向かって、右手の親指と人差し指で○を作って、無言のまま○○さんに示します。

それを見て○○さんは満足そうに、安心したようにニヤッと笑って食事を始めました。

知的障害だから、言ったってどうせ分からないだろうから、注意もそこそこに強引にでもさせるがいいのだ、というのはどうなのでしょうか。

言えば分かるし、あるいは言葉では分からないかもしれませんが雰囲気は伝わるものだと思うのです。いや、たとえ分からない、あるいは伝わらないとしても、まず私たちが信じることが私たちにとって大事なことと思います。私たちが信じないで、いったい誰が彼らを信じるというのでしょう。

たとえ、そこで○○さんが消毒をしなかったとしても、また同じような場面で私は○○さんにまた同じように言葉をかけ、同じように彼を信じていくのです。障害があるとか、ないとか、それは○○さんには関係のないことです。私たちがそこに拘泥してしまうとすれば、それはその人の貧弱な、あるいは未熟な人間観のためです。

まず最初に彼らを信じることから始めないと、私たちの存在は、かえって彼らがこの社会で自分らしく生きて行こうとする時の邪魔になります。

一二月七日（水）　支援の原点

「これからは企業と同じ程度の事業展開をしないと――」「企業を脅かすような事業展開をしないと――」「下請けだけでは難しい――」

先日、広島市で開かれた全国の知的障害者授産施設の研究会での発言です。

私は耳にするなり、心の中で即座に反応しました。『企業に挑んでどうするの？』『企業と闘ってどうするの？』

企業に挑んでいったその果てはどうなる？　それで知的障害者は満足を得るのか。そこで失うものはないのか。そして、その時、果たして地域や企業の知的障害者への理解は深まっているのか。知的障害者の人生は豊かになっているのか。

今、私たちは国が言うように、彼らの「働くこと」に執着するだけで良いのでしょうか。苦々しい思いで、日頃私たちは彼らの何を支援しているつもりなのか、と自問します。そして、いったい私たちは彼らの何に執着し、何を支援すべきなのか、と原点を問い直します。

一二月二二日（木）　今日はうれしい日

利用者数人と近所のお年寄りの施設の居室や廊下の清掃作業に行っている○○さんが、昨日の昼休み、園長室に顔を出しました。

「園長さん、今忙しいですか？」「いや、今は休憩時間じゃから、いいよ。何かね？」すまなそうに園長室に入って来た○○さん。今日はどことなく、何となくうれしそうにしています。

「あのね、園長さん。今日はうれしい日ですよ」「ほー、今日はうれしい日かね」

「うん」『うん』じゃない。『はい』じゃろ」

「あっ、はい。あのですね。今日◎◎苑に掃除に行ったら、若いお兄さんが声をかけてくれたんです」

「えっ⁉　若いお兄さん？　若いお兄さんって、◎◎苑の職員のことかね？」

「はい。男の職員さんです」

「ああ。その若い職員さんが何言うて声をかけてくれたんかね？」

「あのね。私が掃除しよったら『風邪引かんように、頑張ってくださいね』って、言うてくれたんです」「おー、そうかね。そりゃーそりゃー」

「うん。そう声をかけてくれて、うれしかったー」「そうじゃろうのー」

「うん。うれしかった。だから今日はうれしい日です」「そうか。今日はうれしい日かね」

「うん。また明日からも頑張ります‼」「おー、頑張ってくれよ」

いつの間にか、返事が『うん』に戻ってはいましたが、うれしくなったのは話を聞いていた私のほうです。よくぞ、若いお兄さん(?)がそう声をかけてくれたものです。

日頃私たちは、知的障害者には声かけが大事だ、などと言っていますが、どう思いを込めた声かけをするかが重要なのです。ただ声をかければいい、というものではありません。利用者は〇〇さんに限らず、□□さんも、△△さんも、みんなみんなそんな声かけを待っているのです。

利用者は待っています。だから、どうせ分かりはしないから適当に声かけしとけ、と馬鹿にすることは許されません。そんな職員は即刻ご退場願いたいものです。

寒いばかりの昨日でしたが、お陰で昨日は私にとってもうれしい日になりました。

一二月二六日（月） 問題行動

新聞を読みました。ある医師の認知症に関する意見が書かれていました。その内容に刺激されて考えたことがあります。

私たちは『問題行動』という言葉を何の抵抗もなく使います。たとえばそれは「○○さんの昨日のような問題行動にはどう対応したら良いか」とか、「□□さんには問題行動があるので、よく注意してあげてください」などなど。しかし、それはいったい誰にとっての問題行動なのでしょうか。私たちは何がどうだから問題だと思っているのでしょうか。そう考えさせられていました。

一月一〇日（火）「絆」に思う

今頃話題にしてすみませんが、昨年二〇一一年の「今年の漢字」は「絆」でした。皆さんは納得ですか。年が改まっても、私には未だにしっくりこないものがあるのですが……。

大地震、大津波、原発事故と、思いもかけぬ大災害、大惨事が起こり、私たちは営々と積み上げてきた莫大な時間と空間を一瞬のうちに失いました。世間には「これは天災ではなく人災だ」と叫ぶ人もいます。

失ったものは人も風景も二度と取り戻せません。だから、どんなに困難でもどんなに空しくても、また初めから何年にも渡って、私たち一人ひとりが、一つまた一つ積み上げていくほかはありません。

そんな中、私たちは、それまで歩んできた人生の時間と空間の延長線上では到底巡り会うことなどなかったであろう人たち、その存在など思いもしなかった人たちと巡り会いました。そうした出会いによって、日頃、私たちの生はいかに多くの見知らぬ人たちによって支えられ生かされていたことか、と思い知らされました。それを人々は「絆」というのでしょうか。

しかし、あれほどの惨事、あるいはあれほどの不幸に遭遇しなければ巡り会わない、あるいは思い至らない、あるいは感じない「絆」とは何でしょうか。

果たして私たちは、昨年の三月一一日を「絆」の一文字で総括し、明日に向かって歩き始めてもいいものでしょうか。もっともっと深く、思いを巡らせることが要るのではないか。「絆を大事にしよう」などというような総括の仕方でいいのだろうか。そんなことでは、今は私たちの中にある「絆」への思いも、いつの間にか風化してしまうだろう。

そうならないために、私たちは平時においても日常の様々な事象へ鋭く切り込む洞察とそれらの細部に渡る想像を怠ってはならないのだ、と深く胸に刻み込むべきではないでしょうか。

何故なら、私たちのすぐそばにいる、たとえばさつき園の利用者である知的障害者にとっては、そしてその家族にとっては、私たちが平時と思って過ごしている日常も孤立無援の長く辛い闘いの場ではないのか、と思うからです。

平時において、私たちにそのような洞察と想像がないところに福祉の困難さがあると思います。

ものごとは目に見えないから「ない」のではないのです。見ようとしないから「見えない」のです。

二月二七日（月）　習慣と自覚

「園長さん、失礼します！」と○○さん。「はい、どうぞ」と私。

「園長さん、失礼します！」と□□さん。「はい、どうぞ」と私。

今、さつき園は園舎の増築と改修の工事中で、お昼休みに利用者が過ごす場所が限られています。食堂と玄関ロビーと、あとは屋外しかありません。天気のいい日は園の前に広々と広がる田の畑道を散歩することも出来ますが、寒い日や雨の日はそれもかないません。

ですから工事期間中は、昼食後の休み時間に少しでもくつろげる場所を、と園長室を開放しています。

最初の頃、昼休みに園長室にいると、利用者は何も言わずに園長室のドアを開けて入って来ていました。そして、ソファの間の床に敷いた三畳ほどの薄い畳に上がる時も、上履きは脱いだら脱ぎっぱなしでした。

『これはいかん』とある日、思い思いに本などを読んでくつろいでいる利用者に注意をしました。

「いいかね。部屋に入る時はひとこと『失礼します』と言わんにゃー。そして、畳に上がる時は、脱いだ履物は揃えんにゃー。家でも靴は玄関に脱ぎっぱなしにしとるんじゃないんかのうー？」

ところが、何日か、いやほんの二日間ほどその都度そのことを園長室に入って来る利用者にお願いし続けたら、三日目くらいからは利用者同士が注意し始めたのです。

「△△さん、脱いだらスリッパを揃えるんよ」

言われた△△さんは黙って、履物を揃えています。

言えば分かるし、出来るのです。それを小さい頃から繰り返してさえいれば、習慣として身に付いたはずです。

そうではなく、たとえ小さい頃から繰り返し言われてきたことが大きくなっても身に付いていないとしても、それは私たちがその都度その都度、繰り返し繰り返し促していけばいいのです。繰り返し言われても身に付かないのは彼らの責任ではないのです。それが彼らの障害というものなのです。決して彼らがそうすることをさぼっていたり、促しを聞いていないわけではないのです。その時は分かっていても、そのことが知識として、あるいは自覚されたこととして、自分の中で蓄積されていかないだけなのです。

それを、「何べん言うても分からん奴じゃのー」と言って突き放すのは、突き放そうとする側に問題があります。

彼らは彼らで一生懸命にその命を発揮しています。

それが分からないうちは、利用者支援などとえらそうな理屈は口にしないことです。

すべては私たちの側の問題であり、課題なのです。

「園長さん、失礼します!」「はい、どうぞ」

今日のお昼も一〇人ほどの利用者と笑顔であいさつを交わしました。

三月七日（水） ワニが好き

現在、さつき園は園舎の増築・改修工事のため、お昼の休憩時間には利用者の休憩場所として園長室を開放しています。

先週のことです。昼食を済ませた〇〇さんが「失礼します」と言って園長室に入って来るなり、いきなり「園長さんもワニが好きなんですね」と言います。

「えっ!? ワニ? ワニが好きー!?」予想もしない、いきなりの質問なの

で私はしどろもどろです。

「うちのお父さんもワニが好きなんですよ」

「えー⁉　お父さんもワニが好きってー？」

そう言いながら○○さんを見ると、その目は私の胸のあたりを見ながら笑っているのでした。

ねっ‼　だから、利用者との会話は楽しいのです。

「そうなんよ。園長もワニが好きなんよ」私も納得の返事を返します。

三月一七日（土）ガレキ

人々は口々にそれをガレキと言うけれど、それは昨日までは命を守り生活を維持するための財産だったはず。

それを、人は簡単にガレキと言う。

三月一九日（月）　天を恨まず

あの大震災から一年が経ちました。

……。しかし自然の猛威の前には人間の力はあまりにも無力で、私たちから大切なものを容赦なく奪っていきました。

天が与えた試練と言うにはむご過ぎるものでした。

辛くて悔しくてたまりませんでした。
しかし苦境にあっても、天を恨まず、
運命に耐え、助け合っていくことが
これからの私たちの使命です……。

あの大震災後に行われた中学校の卒業式の答辞で『天を恨まず』と読んだこの少年の、わが身に起こった現実の一切を自ら引き受けようとする決意と覚悟がいまさらながら胸を打ちます。

しかし昨日までは、命を守り、生活を守り、そして夢を育むための大事な財産だったものが、次の瞬間には「ガレキ」と呼ばれ、処分の対象とされる現実。どう受け止めればいいのか。

その少年の思い出が宿る空間も将来への希望も、皆一瞬にして「ガレキ」となりました。

私たちはそれを、「ガレキの処理が問題だ……」とか「ガレキの受け入れ先を何とか……」などと、ややもすると遠い世界のことのように、あるいはいかにも案じているかのように口にします。

私たちは復興を支援している振りをしているのです。そして、あたかも絆を大切にしているかのような振りをしているのです。子どもの『ごっこ遊び』と同じです。復興ごっこ。絆ごっこ。

それは障害者への視線と似ています。

誰も障害者になろうと思って生まれてきたわけではないのに……。その運命には自らが立ち向かうほかはない、というこの現実社会のありよう。

私たちの支援ごっこや福祉ごっこで、いったい障害者の何が解放されるのか。

私たちの復興ごっこや絆ごっこで、いったいあの少年の何が解放されるのか。

「しかし苦境にあっても、天を恨まず、運命に耐え、助け合っていくことがこれからの私たちの使命です……」

健気というほかありません。

平成二四年度

四月四日（水）　人間の種類

世の中には二種類の人しかいません。

一人は、出来るだけ相手に精神的な負担を負わせないように自分の生をコントロールする人。

もう一人は、いつでも必ず精神的な負担を相手に負わせる人。

持って生まれた資質と生い立ちがそれを決めます。自分でどちらかを選ぶことは出来ません。

四月五日（木）　衰え

朝、「昨日、カープが勝った」と、カープファンの◯◯さんが園長室のドアを開けながら大きな声で話しかけてきます。

「そうよ。ジャイアンツはサヨナラ負けよ」

「カープ、強い？」と、得意気の◯◯さん。

「おー、今年の広島は強いかもしれんのー」と、私。そして「今日は広島はどことやるんかいの？」と続けて聞きました。

すると◯◯さんは自信なさそうにこう答えたのです。

「今日、広島は……カープとやるんじゃったかいのー⁉」

ちょっと、驚きました。広島カープの大ファンの◯◯さんはまだ五〇歳を少し超えたばかりです。

しかし、○○さんに限らず、私たちは日々利用者と接する中で、利用者の心身の衰えには十分注意を払わねばなりません。知的障害と心身の衰えとは違うのです。

四月一三日（金）　在るように在る

今年の春は、思いがけずいろいろな所でいろいろな桜を見ることになりました。

咲き始めの桜、もうすぐ満開かと思われる桜、そして満開の桜、散り始めた桜、すでに葉桜になろうかという桜……。

山に咲く桜、丘に咲く桜、境内に咲く桜、土手に咲く桜、公園に咲く桜、線路わきに咲く桜、道路の両側に咲き並ぶ桜……。たくさんの桜を見ました。

昨年、大地震が起こり、大津波が押し寄せました。一年の時が流れる中で、自然は私たちの味方でもあり、仇でもあると思い知らされています。

けれど、自然はただ在るように在るだけです。桜も在るように在り、咲くように咲くだけです。

私たちが、どんなに桜の咲くを愛で、散るを潔しと讃えようとも、桜は在るように在り、咲くように咲き、そして散るように散るだけのことです。

在るように在る自然を畏怖し、それでも自然と折り合いをつけて生きることを「謙虚」と呼ぶならば、私たちは、今、「謙虚」から遥か遠くにいるようです。

人は自然に挑むことは出来ても、自然を征服することは出来ません。在るように在る自然を畏怖し、それでも自然と折り合いをつけて生きる。そこから「謙虚さ」を学ばないとすれば、たとえ生き延びたとしても、私たちの存在は空しいものでしかありません。

桜が咲いて散ることも、命に障害が起こることも、自然です。

その在るように在る自然を謙虚に受け容れた時、人は自然を克服するのかもしれません。

四月二九日（日）　体験！　指揮者佐渡裕

先日、指揮者佐渡裕を体験しました。曲はベートーヴェン作曲交響曲第五番『運命』、演奏は兵庫芸術文化センター管弦楽団です。

クラシック音楽についての知識などまったくと言っていいほど持ち合わせていない私ですが、それでもベートーヴェンの『運命』くらいは知っています。

大きな拍手の中を佐渡が登場します。おもむろに指揮台に上がる。一瞬の静寂の中、意を決したかのように彼が右手に持ったタクトを振り下ろすと、あの印象的な出だしがホール内に響き渡ります。

第一楽章も半ば、徐々に彼の指揮振りはダイナミックになっていきます。指揮台の上の彼は左右に、そして上下に大きくタクトを振ります。時に前髪をかき上げながら、時に頭を振りながら。そして跳ねます。跳び上がります。ステップも踏んで……。気が付けば、いつの間にかその右手に指揮棒はなく、彼は素手で指揮をしています。目でも指揮をしています。上体を揺らし、両足を踏ん張りながら全身で指揮をしているのです。汗が額に光り、頬を流れます。

上背のある佐渡が足を踏ん張り、両手を振り上げ振り下ろして指揮をする姿は、後ろ姿であっても迫力を感じます。身も心も躍動しているのです。

「一二年ほど前、三年に渡り、夏の間の数週間をこの町で子どもたちと共に過ごし、音楽の楽しさを教えたことがある」とのことです。駅前のビジネスホテルに泊まり、駅前の散髪屋で散髪もしてもらい、この地では名の知れている『山賊』で食事もしたそうな。

「そうしたことが今こうして実っているのだろうか、と思う」と、演奏が終わってもいつまでも鳴りやまない満場の拍手に応えた語りの中で、そう静かに述懐していました。その時の、「またこの町に来たいと思います」との言葉にうそはないと思いました。

それにしても佐渡の熱い指揮振りは気持ちがいい。一流に触れるとはこのことかと実感されました。

長い、大きな拍手に送られ舞台の袖に下がる時、右手の拳を高々と突き上げた彼の姿が忘れられません。

その人の生きる世界がどこであろうとも、その誠実で熱く真摯な生きようは私たちの心を打ち、私たちの心に響きます。

五月一〇日（木）　親の覚悟の凄さ

毎年、四月二九日にはさつき園の所在する周防大島町の屋代地区で、町商工会主催の「お大師堂めぐり歩け歩け大会」が開催されます。

屋代地区に点在する多くのお寺を、自分の体力と相談しながら、ハイキングかあるいはウォーキングよろしく歩いて回るのです。スタンプラリーのように、巡ったお寺ではそれぞれに用意されたスタンプを通行手形に押して記念にします。大会の最後にはお楽しみ抽選会もあります。

参加者は近隣市町からはもちろん、広島県などからの参加もあり、全体で例年千数百人にのぼるようです。

さつき園でも毎年、利用者・保護者・職員が総勢約六〇名くらいで参加しています。（と言っても、園長の私は毎年園での留守番役ですが）本人の体力・脚力によって、それぞれ初級者コース、中級者コース、上級者コースとコースを選びます。

今年のその日。午後、お弁当を屋代ダムで食べたあと、園のマイクロバスに乗って園に戻って来た利用者と保護者・職員が二〇人ほどいました。その中のある母親の話です。

「一週間ほど前から私の体調が悪かったので、今年は参加出来ないんかなあと心配していました。それが息子にも分かったのか、ここんとこ息子は何か元気がなかったんですよ。ところがですね。二、三日前に、『お母さんは行くよ！』と、歩け歩け大会に出ることを本人に言ったんです。そしたら、『行くっ⁉』と言って、◯◯は安心したように、それまではやめていた散歩に出て行ったんですよ。一緒に行きたかったんですねぇ。◯◯は言葉がうまく話せんから、どう思っているのか私もよく分からんかったんですが、よっぽど一緒に行きたかったんですねぇ。私ももういい年齢なんじゃけど、まだまだ頑張らんといけんですねぇー」

◯◯さんは今年で四九歳になります。お母さんの年齢は推して知るべし、です。

そんな年齢なのに、「まだまだ頑張らんといけんですねぇー」と真顔で言われます。そう言われて、私には返す言葉はありません。

親の凄さ、覚悟の凄さに圧倒されます。

五月二四日（木）　金環日食とスカイツリー

月曜日（五月二一日）。残念ながら、山口県では金環日食とはいかずに部分日食でしたが、それでも私はいつものミーハー振りを発揮して、雨の上がった朝、雲間に見え隠れする太陽と月を見上げていました。

それも束の間、世間は今は高さ六三四メートルのスカイツリー開業の話題に、早くも気を取られています。テレビのニュースではこれらを目の当たりにした多くの人たちが口ぐちに「すごーい！」と言って、感激、感動しています。

この金環日食は自然現象、いわば自然物です。それは私たち人間には到底創造することの出来ない自然の側に属するものです。片や、スカイツリーは人工物。人間が作り上げたもので、自然には出来得ない人間の側に属するものです。

では、果たして、障害は自然物か人工物か。知的障害はどうでしょうか。それは自然が作った自然物でしょうか？　あるいは人間が作り出した人工物でしょうか？

自然の雄大さや神秘さに感動し、人間の持つ力や美意識に感激しながらも、自然の怖さ、不気味さ、そして人間の怖さ、不気味さに日々晒され、孤独の中に私たちは生きています。

金環日食に感動し、スカイツリーに感激する。そんな私たちに、遠い過去、自然を畏怖しつつも自然物をすべて受け容れるしなやかな精神が宿っていたなら、障害というものは今のこの世界には存在しなかったかもしれません……。

五月二九日（火）　童謡『海』

先日、読売新聞の読者投稿欄『気流』に載っていたある投稿を読んで、独り唸ってしまいました。

「（前略）小学一年の長男が先日、学校から帰宅し、授業で習ったばかりの童謡『海』を披露してくれました。「海は広いな大きいな」と口ずさみながら、「この曲を歌うと、懐かしい感じがして涙が出そうになる」と言うのです。長男の目に、うっすら涙が浮かんでいました。

涙の理由を考えていたら、思い当たることがありました。長男は赤ちゃんの頃、夜泣きがひどかったので、私が何時間も抱っこをして子守歌を聞かせていました。『海』もその一曲でした。長男はそのメロディーが記憶にあり、懐かしさで涙が出たのでしょう。

感性を豊かにする童謡の素晴らしさを再認識しました。機会があれば子供たちと合唱し、童謡を楽しんでいきたいと思います」

この投稿の主の言いたいことと、それを読んだ私の思いはまったく異なります

残念ながら私はこの投稿を読んで童謡の素晴らしさを再認識したわけではありません。だからといって童謡のよさ、素晴らしさを否定するものでも、もちろんありません。

小学一年の長男が「この曲を歌うと、懐かしい感じがして涙が出そうになる」と言ったという。自分には過去に『海』の曲を聞いた記憶がないのに、彼は「懐かしい感じがして涙が出そうになる」と言う。私が注目し、わが意を得たりと思わず唸ってしまったのはそこです。

たとえ、それが毎夜のことだったとしても、お母さんの腕の中で聞いた童謡を赤ちゃんだった当の本人が記憶として覚えていることはないでしょう。しかし、その時のお母さんの歌う『海』の歌の持つ雰囲気や、その時のお母さんの感情や肌のぬくもり、腕の中の赤ちゃんにかけた言葉に込めた願い、などは確実にお母さんから赤ちゃんである彼に沁みこんでいったのです。記憶にあるとかないとか、そういった自覚されたものではなく、無意識、無自覚の時の中で、いわば心身の記憶として沁み込んでいったのです。

人の人格形成においては生まれてから三歳までが大事とか、いや、すでに胎児の頃からが大事だ、などと様々に言われています。

恐らく、私たちにとって本人が覚えている記憶や体験など、その人格形成においては大したことではないのです。本人の知らない胎児期、あるいは新生児期、乳児期、幼児期の育ち方、過ごし方、どう育てられたか、どう生かされてきたか、それらこそがその人の人格形成にとって大事なのです。だから、残念なことに(?)人は自分自らの力が及ばないところで、その人の人格の原型の大部分は決まってしまっているのです。

子どもが、それらの時代をどう育てられてきたか。それらの時代の親世代の子どもへの関わりの在り方こそ、問われなければなりません。

少年が童謡『海』の曲を歌うと「懐かしい感じがして涙が出そうになる」のは、その歌を少年に歌って聞かせていた当時の母親の、母親本人も気づかずにいた感情の投影なのではないのか。とすれば、「教育は国家百年の計」と言われていますが、果たして障害者差別や虐待の連鎖を断ち切るにはどれだけの人と時を費やせばいいのでしょうか。

六月一三日(水)　福祉サービスの「質」について

「福祉サービスの質の向上」、あるいは「福祉サービスの質が大事」、または「福祉サービスの質が問われる」などと、よく耳にします。

特に、「福祉サービスの質の向上」という言葉はよく耳にします。この時の「質」とは何のことでしょうか。いったい、何を指して「質」と言っているのでしょうか。

利用者の自主性や主体性を尊重した支援や、あるいは利用者の権利を擁護した取り組みが十分になされているかどうか、ということでしょうか。

それとも、利用者の心身の状態や個人的情況に応じたサービスが適切に提供されているかどうか、ということでしょうか。それらをサービスの「質」と言っているのでしょうか。

だとしても、私はもう一歩踏み込んで、こうも考えたい。

私たちが、社会福祉関係者が、そして社会の人たちが「福祉サービスの質の向上」という時の「質」とは、社会福祉事業に携わり、いわゆる福祉サービスを提供する現場にいる職員である「私たち」の「質」を指しているのだ、と。

私たち、福祉現場の職員がする行為行動の質や支援の質だけではなく、私たち自身の質も問われているのだ、ということです。

私たちは、私たちの専門性と私たちの人間性そのものが問われているのです。小手先でうまくやって、あるいは防犯カメラの前は避けて通って、うまくごまかして生き延びるような、そんな貧弱な専門性と卑劣な人間性で、己の人生のために人を、利用者を、利用してはなりません。

六月一九日（火）　国会議員はのんき

新年度（平成二四年度）に新体系に移行し、園舎の増築・改修工事も成り、地域へのお披露目を兼ねた見学会・講話の会も無事終わり、やっと何とか平常を取り戻しつつある、さつき園の今日この頃です。

いやいや、その間、私はえらい役職も引き受けさせられて、毎日が遠距離ドライブ状態でもあるような……、そんな日々を送っています。職員はわが身を心配してくれますが、代わってもらうわけにもいかず、ただひたすら、ない頭を使って、主催者や出席者に失礼のないように（そうでなくても失言の多い私ですので）、会議や検討会、役員会や委員会に顔を出しています。

そんなある時。東京でのあるシンポジウムに参加しました。

シンポジストには、民主党、自民党、公明党から、障害者福祉に見識があると言われている議員、あるいは長年障害者福祉に取り組んできたという議員、自らも重度の知的障害者の親だという議員がそれぞれ出席していました。

およそ二時間半のシンポジウムも終わりに近づいて、結論めいた話し振りになってきた時のその国会議員の面々の発言。

「障害者施策については、私たち民主、自民、公明は協力して……」

「私たちは、障害者政策は決して政争の具にはしないと、約束しておりまして……」

何とものんきな発言をするものです。言外に、「だから安心してくださいい」とでも言いたいのだろうか。

あることに関して、問題や課題をあげつらうのは少し関心を持てば誰にでも出来ることです。およそ七、八百人の聴衆を前に、何をのんきなこと言っているのか。どんなに耳触りが良くても、具体性に欠ける言葉はこちらの胸には響かない。

数の政治、欲の経済に振り回されている福祉。その構図は、私の体験する限り四〇年間少しも変わってはいないのです。どこを探しても「数」と「欲」の中には、「福祉」は存在しないのです。

福祉を日常ではなく、非日常のこととして、別次元のこととしてしか考えられない、あるいは感じられない、そんな人生経験と感性しか持ち合わせていない政治家にとって、福祉は格好の免罪符なのかもしれません。無論、それは政治家だけの問題ではありません。

時代はいつも、方向も定まらず、ただただ膨張し続けているという宇宙空間のようでもあります。

六月二六日（火）　自己空間の広さ、あるいは狭さについて

特に都市部や市部では、狭いビルの一角や建物の一部を利用して福祉サービスを提供している事業所が増えています。その狭さは、果たして利用者の精神の育ち、職員の精神の育ちに影

響はないのだろうかと秘かに心配しています。

人の精神に、人の生活する空間の大きさ、所有する空間の広さ、あるいは狭さはどんな影響を与えるのかと、考えます。

朝通って行って、たとえば一四、五人の利用者仲間と数人の職員とビルの一角の狭い空間で、それなりに楽しいことや創造的なことをして数時間を過ごして、家に帰る。次の日もまた同じようにそこに通って、過ごして、帰る。そんなことをこの先どれほど続けるのでしょうか。五年？　一〇年？　二〇年？　もちろん、時にはみんなで街に出るなどして、街と触れ合い、人と触れ合うこともするのでしょうが。

保育園や幼稚園、小学校や中学校は通過するところ、卒業するところです。だから、少々狭くてもいつかは必ず出て行くところですので、誰もさほど心配はしないものです。

ところが、社会の福祉サービスを提供する施設や事業所は現実的にはその多くは卒業するところにも、通過するところにもなっていません。それどころか、様々な理由があって滞留を余儀なくされています。

人が人としてきちんと生きるため、そして他人を他人としてきちんと認識し尊重するためには、自分がどれだけの空間を所有しているかという、自己空間の広さは大事なことと思います。

そして、福祉サービスはとにかく提供すればそれでいい、というのではありません。どういう場所、どういう空間で、どのくらいの広さで、どういう提供の仕方をするのかが大事なのです。それは利用者にとっても、職員にとっても大事なことです。

先日、ある事業所を見学する機会を得て、その広さあるいは狭さを見たときに思わず考えさせられたことでした。

七月七日（土）　ある人生

今日は土曜通所日です。

午前中は梅雨の合間の、風のある晴れた天気になりました。

さつき園の玄関に立つと、遠目に○○さんが上手に鍬を使って畑の土を掘り起こしているのが見えます。
○○さんは今年でもう七四歳になります。さつき園利用者の最高齢者です。背中が曲がっています。時折、鍬の柄をつっかえ棒にして組んだ腕をのせて小休止しています。
彼の両親がいつどうして亡くなられたのか私は知りません。七三歳の今も里親とともに暮らし、毎日元気にさつき園に通っています。からかい半分に「園長、死んでもええか！」と言うのが口癖で、聞いた私が驚いたふうに「何言いよるんじゃー、死んじゃあいけんよー」と言うのを、声を出して笑いながら待っています。

七四年前の昭和一三年に生まれた○○さん。小さい頃からどんなにか苦労したことでしょう。

家族のいる喜びや重さを知っているのでしょうか。無理解の世間への苛立ちも理不尽な仕打ちも数えきれないほどあったことでしょう。そうして、回りまわって、二四年前、開所後一年目のさつき園にたどり着いて、今、通所の毎日を私たちと過ごしています。

「園長、畑やっちょったけえのー」「わしがやらんにゃー誰も出来んけえのー」「今日も畑やるでー」

ポツポツとパソコンのキーボードを打つしか能のない私は、頭が下がるばかりです。

○○さんの手は、長年畑仕事をしてきた人の手です。小柄なので指は短いけれど太くて日焼けしていて、そしてその掌はとてもやわらかです。

利用者が髭を剃らずにいると、「髭を剃らんにゃー！」と叱る私ですが、○○さんにはその少し伸びた白い顎髭を剃れとは言えません。それは○○さんの人生の一部なのです。それは彼の勲章なのです。さつき園の誰もがかなうものではありません。

○○さんは顔じゅうを丸くして、いい笑顔で笑います。

そんな○○さんを今、遠目で見ながら、長いとは言えない、しかしそれでもどうにか刻まれてきたわが国の知的障害者福祉の歴史を思います。

「いい人生だったですか？」「日本の知的障害者福祉はどうでしたか？」○○さんがそれを語れるなら聞いてみたいものです。

『○○さん、まだまだ死んじゃーいけんよー！　畑、頑張ってやってくれよ！』心の中で祈ります。

七月一〇日（火）　険しい道

このたび（平成二四年六月二〇日）、これまでの「障害者自立支援法」に代わり、いわゆる「障害者総合支援法」が新たな法律として国会で可決成立しました。施行は平成二五年四月一日（一部は平成二六年四月一日）です。

しかし、当事者や関係者の多くが期待したこの新法でしたが、大山鳴動鼠一匹の感があり、施行後の三年間で内容を検討するとした項目が多々あることなどから、残念ながら、問題先送りの印象が否めません。

たとえば、このたび「障害程度区分」を「障害支援区分」に改めるとしたものの、その支給決定の在り方については「施行後三年を目途として検討すること」とし、「その結果に基づいて所要の措置を講ずるものとした」のです。悪名高き「障害程度区分」の改正は喜ばしいことですが、その現場への適応にはなお三年超、待たねばならないのです。今日生まれた赤ちゃんも三年も経てば走り回るほどに育つでしょうに……。なお、三年待て！とはのんきなことです。

人は長く生きていれば誰もが高齢者になりますので、高齢者福祉には国民の誰もが関心を持ち、その取り組みも積極的です。が、しかし障害者の福祉については、残念ながら国民の誰もが関心を寄せている問題とは言えません。ましてやその中でも知的障害者福祉にいたっては、わが国ではまだまだ関心や理解の度合いは低く、差別の垣根は高く、極々少数派でしかないのです。（だから、三年間待つくらいで、あれこれ文句を言うなって⁉）

高齢者の道は誰もが通る道です。しかし、障害者の道は誰もが通る道ではありません。だからその道は通る人も少ない険しい茨の道です。

だけど、いいえ、だからこそ、私たちは徒手空拳ながら、今日の利用者のために、そして将来の利用者のために、その険しい道を歩くのです。

七月三一日（火）　世界の終わり

果たして、現代は子どもたちにとってどういう時代なのだろうか、と思う。

いじめがあり、虐待があり。しかも、それらの大半は潜在化している、と言われる時代。

リセットボタンを繰り返し押し続けると、バーチャルな世界では何度でも命を蘇らせる。ならば、その画面の中で敵を倒すことに、また、その画面の局面を制圧することにどんな意味を見つければよいのだろうか。

手軽に手に入るバーチャルな世界といじめや虐待の連鎖の中で育つものは、何なのか。大人たちが、腰の引けた生き方しか出来なくなっている時、子どもたちは自分たちの精神から命に感動する心を捨て去っている。

今や、親は子を見ようとせず、子は親を見失い、教師は生徒を見ようとせず、生徒は教師を見失う。社会は安心を見失い、経済は満足を見失い、政治は大衆を見失い、類は個を見失う。そして、個は己を見失う。その、己を見失った蒼白の個に豊かな感性は戻らない。

こうして今を生きる私たちが、来る日も来る日も大事なものを見失い続ければ、世界の終わりか――。


「……あなたを見失えば世界の終わり……」（吉田拓郎『慕情』）

誰も、すぐそばにいる少年の、その震える息遣いにさえ気づかない、あるいは気づこうとしない時代を生きているのだ。

そんな時代では、私たちが「あなた」を見失えば世界の終わり、なのだ。

八月二〇日（月）　人の生き死に

ロンドンオリンピックが始まり、夏の甲子園が始まり、そしてロンドンオリンピックが終わり、今、夏の甲子園が面白くなってきました……。

そんな世間の、残暑の厳しい先週の末。七月の半ばに、「おい、九月に同窓会を開くから空けといてくれよ」と突然電話してきた中学・高校時代の同級生が、その電話の一週間後に亡くなっていたことを知らされました。

驚きました。

同窓会でしか会うことのなかった彼なので、卒業後の彼のことはほとんど知りません。すでに同級生の何人かは男女問わず亡くなっており、彼もその中の一人となってしまいました。が、しかし、彼らの訃報に接した時、私は必ず体の芯が痛くなるのです。

それは彼らは彼らの、私は私の生きる場で、同級生としてまさしく同時代を生きてきたということへの無意識の共感が体の芯にあるからなのかもしれません。

七月の末のある研修会で、マスコミ関係者の「マスコミは障害者については相変わらず美談を取り上げがちです」という自戒のこもった話を聞きました。ある瞬間の障害者へのやさしさや思いやりだけを切り取って、美談として記事や話題にしているうちは、マスコミは当てにはなりません。

マスコミが、障害者に限らず、亡くなった彼のような市井の人々の生き死にの姿を、腰を据えて、しかも美談などに仕立て上げることなく淡々と取り上げるようになれば、世の中はもっと落ち着いて穏やかになると思います。

彼は長年、同窓会の幹事を務めてくれていました。だから、幹事のいない九月の同窓会は取りやめです。

八月二三日（木）　職員の力量

先週の土曜日。さつき園は利用者の余暇活動として、みんなで下松市のザ・モール周南へ食事とショッピングを楽しみに行って来ました。暑さ対策、それから夏休み中でもあり、きっと混むだろうと予想しての対策を事前にしっかり検討して出かけました。

ところが、予想外のことは起こるものです。四台の車に分乗して行ったのですが、早目に着いた一台ではえらいことになっていたのです。その詳細をお知らせすることは出来ませんが、私の乗ったマイクロバスがザ・モール周南の駐車場に着いた時には、もうそのえらいことはすっかりと言っていいほど職員によって適切に対処されていました。

「園長、たいへんだったんですよ！」

主任がそう言って、私に報告します。

けれど、報告する言葉には余裕が感じられたので、こちらも安堵しながら聞いていました。しかし、もしもその報告がなかったら、ひょっとして私はそのことに気が付かなかったかもしれないほどに、ことはすっかりきれいに対処されていたのです。報告の内容からも、職員は落ち着いて、しかもテキパキと対応したことが想像されました。利用者にも動揺しているような人は見受けられません。

私たちはそのあと、利用者に諸注意を促して、事前に決めた班ごとに昼食とショッピングを楽しんできました。

私も利用者四人と楽しく過ごしてきました。いやいや、□□さんがエスカレーターに乗るのを怖がって、乗り口からあとずさりしてオロオロしたのには少しあわてましたが……。

それにしても、こうした予想外の出来事に速やかにしかも適切に対処するためには、その場の職員にそれなりの力量が必要です。加えて、そこでは職員同士のチームワークも要求されます。ですので、その後、何事もなかったように利用者支援に当たる彼らを見ていて、私は感謝するとともに少しうれしくなっていました。

また、後日、△△さんのお母さんによると、うちわの好きな△△さんは、あの日、自分で選んで買ったお気に入りのうちわをしっかり手に持って眠りに就いたとのこと。きっと、あの日の何かがよほどうれしかったのでしょう。そしてその話を職員から聞いた私も、△△さんの様子を想像してうれしく思ったことでした。

職員の、あの予想外の出来事への対応が適切だったことが、こうして利用者にあの日の満足をもたらしたのです。

そして私は、その予想外の出来事で図らずも職員の力量が試されたのだと思いました。

職員諸君、お見事でした！　感謝申し上げます！

これからも頑張るべし！

九月五日（水）　順天堂大心臓血管外科教授

その人の名は、知る人ぞ知る『天野篤／あまのあつし』。今年二月、天皇陛下の心臓手術を執刀した、あの医師です。

その天野医師が、読売新聞くらし家庭面の連載『医療ルネサンス』が開始から二〇年を迎えたのを機会に開かれた三氏座談会で、「連載に対する要望、注文はありますか」の質問にこう答えています。（二〇一二年九月二日付　読売新聞）

曰く、「両陛下に食事にお招きいただいた時、皇后陛下から『難病』の現状について尋ねられました。自分に何の責任もないのに闘病を強いられ、治療法が確立していない病気のことです。取り上げられることが少ない難病について特集してほしいと思いました」

また続けて、曰く、「今の保険制度の中では臨床医は公僕に近い存在だと思っています。私利私欲を捨て、どんな患者さんに対しても同じ誠実な姿勢で治療にあたるということです。天皇陛下の手術を担当させていただいたことで、あらためて、その大切さを痛感しました。そんな医師たちの活躍を、これからも連載で追い続けてほしいと思います」

こんな言葉を目にすると、つくづく『修行がたらんなぁ』とわが身を振り返るのです。

そして、命と直に向き合う医療と人生や生活と向き合う福祉を一緒に語ることは出来ないかもしれませんが、そんなことを語る医師が同時代にいることが、おこがましいことですが、私の内なる励みになるのです。

福祉の世界は、医療の世界ほどの関心を人々に持たれているわけでありません。ですから、福祉に関する連載が二〇年も続くことは到底考えられませんが、せめて、たまさかの美談をこれ見よがしに記事にして読ませるようなことはなしにしてほしい、と願うものです。

『自分に何の責任もないのに闘病を強いられ……』

『臨床医は公僕に近い存在だと思っています。私利私欲を捨て、どんな患者さんに対しても同じ誠実な姿勢で治療にあたるということです。……』

深い認識と、よほどの覚悟がないと吐けない言葉です。

九月一九日（水）　園長さんいつもにこにこしてますか

利用者の〇〇さんは、長年、毎日のように私に手紙を書いてくれています。

担当する職員が仕事を終えて帰る際に、〇〇さんから受け取った手紙を定期便のように届けてくれるのです。受け取って園長室で独り目を通すと、ほっと疲れも癒えていきます。今日も三通が届きました。

最近届いた〇〇さんの手紙を原文のままご紹介します。

「園長さんいつもにこにこしてますよう」

「園長さんわたしはまいにちいろんなふくをきっています」

「園長さんからだをたいせつにして下さいね元気になってね」

「園長さん元気ですかすこしいはかぜはひっていますかきよつけて下さいね」

「園長さんわたしはまいにちあついてす」

「園長さんいつものようにさわかに生ようねしあわせになようねとうしてもね」

「園長さん元気ですかいつもにこにこしてますか」

毎日、こんな手紙を書いていくれる○○さんです。○○さんはすでに五〇歳を超える年齢ですので、私たちは○○さんの体調を心配する毎日ですが、本人は自分のことより私のことをやさしく気遣ってくれています。

だから私は、いつも元気に、にこにこ顔でいないわけにはいかないのです。

だからまさしく、私こそ利用者に支えられていると思うのです。

『○○さん、園長は元気ですよ。いつもにこにこしていますよ。心配してくれてありがとうね！　またお手紙くださいな』

季節も秋になって、○○さんも少しずつ元気を取り戻しています。

一〇月一六日（火）　シンポジストを務めました

先日、県内のある福祉関係団体の大会にシンポジストで参加しました。

事前のシンポジウムの打ち合わせの際に、主催者から、「古川さん、言いたいことを言ってくださいよ」と言われたので、本番で言いたいことを言ったら、「古川さん、言いたいことを言われましたね」と言われました。

一〇月一九日（金）驚きの一文

確認したいことがあって、ある通知文に目を通していた時のことです。

それは、各都道府県知事・指定都市市長・中核都市市長に宛てた厚生労働省社会・援護局長名の通知文です。標題は「地域社会における共生の実現に向けて新たな障害保健福祉施策を講ずるための関係法律の整備に関する法律の公布について」となっています。いわゆる障害者総合支援法（仮称）のことです。

驚いたのは、その中の「第二　法律の内容」と題した中の「一　障害者総合支援法関係」の「（三）基本理念（平成二五年四月一日施行）」という見出しの一文です。以下にその全文をご紹介します。

『障害者総合支援法の基本理念を、障害者及び障害児が日常生活又は社会生活を営むための支援は、全ての国民が、障害の有無にかかわらず、等しく基本的人権を享有するかけがえのない個人として尊重されるものであるとの理念にのっとり、全ての国民が、障害の有無によって分け隔てられることなく、相互に人格と個性を尊重し合いながら共生する社会を実現するため、全ての障害者及び障害児が可能な限りその身近な場所において必要な日常生活又は社会生活を営むための支援を受けられることにより社会参加の機会が確保されること及びどこで誰と生活するかについての選択の機会が確保され、地域社会において他の人々と共生することを妨げられないこと並びに障害者及び障害児にとって日常生活又は社会生活を営む上で障壁となるような社会における事物、制度、慣行、観念その他一切のものの除去に資することを旨として、総合的かつ計画的に行わなければならないこととしたこと。』

長い！　標題の長さもさることながら、この文章はいかにも長い！　と思われませんか。すでにお気づきのように、この文章にはなんと句点（いわゆるマル「。」）がたった一つしかありません。これで一つの文章なのです。文字数は全部で約四百字もあるというのに。

私の尊敬する小学校時代の担任の先生は、「文章はダラダラと長く書いてはいけません。少なくても二〜三行に一つは句点を入れる努力をしなさい」と教えてくれました。中学校時代にクラスみんなで泣かせた現国（現代国語）の先生からもそう教えられたと記憶しています。

厚生労働省の役人の頭にはこんな文章がすらすらと浮かんでくるのでしょうか。まさかとは思いますが、作文を教える学校教育を所管している文部科学省の役人も同じなのでしょうか。

しかし、ダラダラと四百字も書き連ねてあって句点が一つしかない文章は、どう考えてもペケでしょう。少なくとも読み手の側への配慮に欠けています。

そして、読み手への配慮が欠けていることに何の疑問も抱かない独善的な人たちと、その思考を同じくする取り巻きたちが、見えないところでこの国の〈今〉をもてあそび、その結果、この国の〈未来〉を机上の空論にしようとしています。それは今の政治も同じです。

四百字も書いて句点が一個。そんな文章に疑問を抱かない彼らとは何なのでしょうか。

彼らにとって福祉は、単なる飯のタネなのでしょうか。

彼らは福祉の未来を語ることはないのでしょうか。果たして、彼らは福祉の未来のために何かをしようとしているのでしょうか。

僭越ながら、今、私たちには福祉の未来のために育てるべきものがあるのです。

一一月九日（金）　距離感について

テレビのゴルフ中継で、「パットの距離感がつかめていない……」という解説者の言葉を耳にした。

距離感には、物理的な距離感と心理的な距離感とがある。

このゴルフ中継の解説者は、ボールとカップとの物理的な距離感のことを言っている。

ところが、たとえば物理的な距離感としてはほんの数一〇センチメートルであったとしても、「これを沈めれば優勝！」という時の心理的な距離感としては、その何倍もの距離があるように感じられるものと思う。

今、日々の生活において、いろいろな現象や人や物との私たちの心理的な距離感はどうだろうか。

たとえば、あなたと私の距離感はどうだろうか。お互いの心理的な距離感は同じだろうか。今の時代の親と子の距離感はどうか。生徒と教師の距離感はどうか。個人と個人の距離感はどうか。個人と国家の距離感はどうか。そして自然と私たちの距離感はどうか。

さつき園の日常に引き寄せて、私と利用者の距離感はどうか、と考える。

そこで私がその距離感をつかみ損ねていると、二者の間に福祉が育つのは厳しいものになろう。

私たちは、自分と利用者との距離感を的確につかむことが出来て、やっと半人前だ。手間暇かけて、そして心を尽くして、利用者との距離感をつかむところから福祉は育つ。いや、福祉はそこからしか育たない。

利用者と私との間にお互いに心地よい距離感を見つけ、それを育てることが出来たら、おそらく障害は昇華できる。

私はゴルフをやらないから、優勝がかかったパットがどれほど痺れるのかは分からないが、選手たちのパットのシーンを見ながら、そんなことを考えた。

一一月一六日（金）「人材不足なんじゃのー」

たまたま私が会長をしている団体の大会（第二四回山口県知的障がい施設福祉振興大会）を

昨日開催しました。

お陰さまで無事終了しましたので、大会開催に当たってお世話になった開催地の市役所に、とりあえずのお礼に行きました。大会開催に関係する部署に私の中学・高校の同級生が勤めていますので、彼のもとに出向いたのですが、残念ながら本人は不在でした。

取り次いでくれた人に、大会が無事終了したこととお世話になったお礼を彼に伝えてくれるようお願いして、名刺を置いて帰りました。

帰宅して、私の携帯電話に彼からの電話が入っていることに気が付いて電話をかけたのですが、その時の彼の言葉がなんともうれしいものでした。

「お世話になりました。お陰さまで無事終わったよ。ありがとうございました」

「おー、そりゃーよかったのー。ところでお前、その会の会長じゃったんじゃのー」

「おー、半年前にそういうことになったんよ」

「そりゃー、知らんかったでよ。そんじゃが、お前が会長とは、お前んとこも、えーかげん人材不足なんじゃのー」

「えー!? おい、おい、言うてくれるじゃないの」

いやいや、こんな気の利いたお返しはめったにないもの。同級生とはしみじみいいものだと思ったことでした。

一二月七日（金） 四〇年前のメモ書き

「古川だけじゃったよ、レポート見せてくれたのは。あんときゃ助かったよ。わしゃー四年の時、一二科目で四八単位を取らんと卒業出来んかったんじゃけー」

先月下旬の三連休に法事で出かけた四国からの帰り、私は広島県江田島市に住む大学時代の同級生の誘いに応じて、四〇年振りに彼に会いに行って来ました。

学生時代、私が実家の住所と電話番号を何故かメモ書きして彼に渡していたその紙片が、この春、彼の父親が亡くなった時に、遺品の整理と併せて彼自身の書類を整理していた中からたまたま出てきたのだとか。それを見た彼は無性に私に会いたくなって、あちこち問い合わせたのだそうです。そして、今の私の自宅の電話番号を探し当てた、ということでした。

彼は学生時代を東京で過ごして、卒業後、ふるさとに戻り、およそ三〇年。転勤や転職を経験したのち、今は一〇年ほど前から、江田島で農業などをしながら生活しています。言えば、この四〇年の間に、私にもいろいろあったが彼にもいろいろあった、ということです。

高校の時のある授業で、「将来、大人になった君たちに会うことがあったら、私は君たちが『何になったか』ではなく、君たちが『何をして来たのか』を問いたいと思う」と言い放った青年教師がいました。

社会に出てからの約四〇年間、私は何をして来たのか……。江田島に住む同級生の彼は何をして来たのか。島内を案内してもらいながら、そして彼と懐かしい話を重ねながら、そんなことに思いを馳せていました。

あゝおまへはなにをして来たのだと……
吹き来る風が私に云ふ　（中原中也『帰郷』最終聯）

それは誰しもが胸痛む風の囁きかもしれません。

しかし、今さつき園に通って来る利用者、知的障害者にもそう問うことが出来るでしょうか。

「君たちは何をして来たのか」果たして私たちは彼らにそう問えるのでしょうか。

いや、もしも彼らに問うとすれば「君たちは何であるのか」と、その存在そのものを問うべきではないのか、と思います。

しかも、それを問うべき相手は知的障害者と呼ばれている彼ら本人ではなく、平然と自らを健常者と呼んでいる私たち自身なのではないでしょうか。

私たちは、彼らを何だと思ってきたのか。何だと思っているのか。私たちこそがそう問われるべきではないのか……。『この子らを世の光に』と言った先達もいました。

問いは、常に私たちに向けられているのです。

「じゃあ、またな！」「おー」

そう言って、宇品まで戻る定期船を見送ってくれた彼と、夕暮が近づいてきた島の港で別れました。

一枚の紙片のメモ書きが実現させてくれた、思わぬ再会でした。

一二月一四日（金）　当たり前の光景

明後日は衆議院議員選挙の投票日。

昼休みのことです。

「園長さん、行って来ました」と、○○さんがにこにこしながら報告します。

「えっ⁉　どこへ行って来たんかね」

「選挙！　選挙！」

「あー、選挙かね。期日前投票じゃね。役場に行って来たんじゃね」

「うん」

「『うん』じゃない、返事は『はい』じゃ！」

「はい！」

「誰に入れるか、よう考えて投票して来たかね」

「はい」と言いながら、○○さんは私にハガキを差し出します。

「この人の名前を書いてもろーたんよー」

「あっ、いや、それは言わんでもええの。言わんでも。ハガキはしまいんさい」

「はーい」

「そんなこと、人に言わんでもええんよ」

「はい、分かりました」

少し得意気で、うれしそうな○○さんでした。

さつき園の利用者にももちろん選挙権があります。何人かは投票の意思を示します。グループホームの入居者で希望する人は支援員か世話人が投票所に連れて行きます。

また、先日は、ある立候補者の選挙カーがさつき園前の道路に止まり、集まっていた地域の方々に車から降りてきた関係者が頭を下げながら、握手を求めていました。すると視線の先に、作業時間中にもかかわらず窓から顔を出して手を振っていた一〇人近いさつき園の利用者をみとめて、その人はすぐに近寄って行き、彼らにも握手を求めていました。その時の利用者のうれしそうな顔。選挙権があるからこその光景です。

ご存知でしょうか。利用者に成年後見人をつけると被成年後見人である利用者本人の選挙権がなくなるのです。いったいどういう国なんでしょうか、この国は!!（と、突然思い出して、私少し興奮）（注参照）

社会のあちらこちらの様々な光景の中に、知的障害者がいるのはごく当たり前のことです。いまさらですが、私たちもそうであるように知的障害者も社会の一員なのです。

注：平成二五年五月、成年被後見人の選挙権回復等のための公職選挙法等の一部を改正する法律が成立し、公布されました（平成二五年六月三〇日施行です）。これにより、平成二五年七月一日以後に公示・告示される選挙について、成年被後見人の方は選挙権・被選挙権を有することとなりました。

一二月二五日（火）　蟹は甲羅に似せて穴を掘る

蟹は甲羅に似せて穴を掘る。

甲羅の大きい蟹は大きいなりに、甲羅の小さい蟹は小さいなりに、各々の甲羅の大きさに合った穴を掘り、そこに身を置く、ということです。人も同様に、力量が大きい人は大きいなりに、小さい人は小さいなりに、その範囲内でそれぞれに応じた言動や仕事をし、それなりの望みを持つということの例え。

世の中にはこの言葉が気に入って、座右の銘にしている人もいると聞きます。

しかし、あまのじゃくの私は、これをこう裏読みするのです。

所詮、人はその力量の範囲内でしかことを成し得ないし、それなりの望みしか持たない、と。

そして、私たちは知らず知らずのうちにそんな蟹になってはいないか、と自問します。甲羅に似せて穴を掘って、それで良しとしてはいないか。

そんなことはない、と勇んでみるけれど、残念ながら、自分の甲羅の大きさ

は自分では分からないのです。

世間には、「やっぱり彼はまだそんなことにこだわっているのか」と思われる人もいれば、「よくあの困難を乗り切ったものだ、さすがだ」と感心させられる人もいます。

ついこの間のこと。わが国の政治の世界では大半はわが名を連呼するだけの、あるいは他を貶めるだけの空しい衆院選が終わりました。あそこまで極端に！と思うほどの大差がついて与野党が逆転しました。果たして今、新たに国会議員となった人たちはこれからどんな穴を掘っていこうとしているのでしょうか。それは大きいか、小さいか。しかし所詮、国民の甲羅に合った政治しか出来ないとすれば、私たちのイライラは私たちに由来する、とあきらめるほかないのかもしれません。

私たちの試練は、私たちは私たちの身の丈にあった穴しか掘れないものと自覚することから始まります。

一月五日（土）　福祉の真髄

明けましておめでとうございます。

本年もどうぞお暇な折には「園長室」へお越しください。何のおかまいも出来ませんが、さつき園のコーヒーでも飲みながら(?)、ひとときをお過ごしください。お待ち致しております。

さて、昨年末、自宅でほんの少し大掃除のまねごとをしていたら、書類の間から十数枚の新聞の切り抜きが出てきました。その中に『こどもの詩』という欄の切り抜きが三枚ありました。そのうちの二編をご紹介します。

弟

今日弟は学校を休みました
それはきのうから頭がいたかったからです
私が「だいじょうぶ？」ときいたら弟はこう答えました
「だいじょうぶありがとう」
そのとき私は心がほっかほっかになりました

（埼玉県・小三年・女子）

ひとりごと

そんな事で死んじゃだめだよ
虫で生まれて
きたかもしれないのに
神様が人間に
してくれたのにね

（長野県・小五年・男子）

それぞれ一九九九年（平成一一年）三月六日と二〇〇〇年（平成一二年）六月二八日の読売新聞に掲載された詩です。

いかがですか。私は、これぞ「福祉の真髄」と思います。

ちなみに、三つ目の詩はこんな詩でした。

愛

お母さんの子なら
どこの国でも
いいよ　（山口県・小三年・女子）

新聞の切り抜きはもうずっと前から私の癖になっているのですが、「たまの大掃除のまねごとも悪くないね」と呟いたものです。

二月一日（金）　許容する子どもたち

昭和二六年に施行された「社会福祉事業法」が今から一三年前の平成一二年に、およそ五〇年振りに「社会福祉法」として改正されました。

その第七十八条第二項には、『国は、社会福祉事業の経営者が行う福祉サービスの質の向上のための措置を援助するために、福祉サービスの質の公正かつ適切な評価の実施に資するための措置を講ずるよう努めなければならない。』と定められています。そしてそれを実現するために考えられた事業が「福祉サービス第三者評価事業」です。これは福祉施設などが提供している福祉サービスの質を第三者が評価し、その結果を公表する、というものです。

評価は、障害・高齢・児童といった事業の対象ごとに福祉サービス第三者評価事業推進組織が定めた「評価基準」と「評価手法」によって行われます。山口県では唯一山口県社会福祉協議会がこの事業の推進組織と認められており、その「評価基準」や「評価手法」は国が示した内容に準じた内容となっています。

先日、その「評価基準」の中の「児童自立支援施設版」に目を通していた時のことです。『他者の尊重』という評価項目がありました。そこには、『他者の尊重』ということについて、その施設に入所している児童たちへの、職員による支援が適切に行われているかどうかをどのような観点からどう評価するかが示されています。他の評価項目と同様に「判断基準」や「評価基準の考え方と評価のポイント」、そして「評価の着眼点」といった見出しで書かれているのです。

その「評価の着眼点」の中の一文。

「職員は、日常生活において、常日頃から気づかないうちに、子どもが、職員の力量に合わせてくれていること、職員の未熟さや不完全さなどを許容してくれていることについて自覚を持ち、子どもに感謝の心を持って接しているか。」（について評価する、ということです－古川）

今、体罰や虐待やいじめが大きな社会問題として広く取り上げられ、いろいろに議論されています。しかし、目の前の子どもたちがこんな心理状態でいることを知っているのと知らずにいるのとでは、教育や支援の現場において、その結果にはそれこそ天と地ほどの差が生まれるものと思います。

このことは、児童自立支援施設で生活する子どもたちに限ったことではないものと思います。常日頃から私たちが気づかないうちに、子どもたちは、大人の力量に合わせ、大人の未熟さや不完全さを許容しているのです。

教育者よ、支援者よ、思い上がるな！

いや、すべての大人たちよ、思い上がるな！

そして、日々さつき園の利用者の中にいて、このことは知的障害者にも当てはまるという実感が私にあります。

だから、職員よ、思い上がるな！　園長よ、思い上がるな！　と言わねばならない。

私たちは知的障害者と呼ばれる彼らに、自らの未熟さや不完全さを許容されていることに気が付かぬまま、彼らの懐の深さに甘えて自己満足の支援を繰り返し、己のアリバイ作りをしているだけなのです。彼らはそんな私たちに取り囲まれ、諦めの思いを抱きつつも、それでも私たちを日々許容してくれている……。

誰が書いたのか、この一文を書いた人物の鋭い観察眼と感性に心底、敬服します。と同時に、そこにその人の無念の思いも感じています。

二月七日（木）　訃報

昨夜、帰宅すると訃報が待っていました。

以前の職場仲間から届いたその便りには、ある女性の訃報が綴られていました。

東京で、私がまだ学生だった頃に知り合った重い知的障害の娘さんのお母さんが亡くなられたのです。娘さんは、多動で、じっと座っていることが難しく、自分の拳で自分の頬や額を叩く自傷行為がありました。言葉はありません。ただ発語として「アー」とか「ウー」とかがあるのみだったと記憶します。

しかし、そんな娘にいつも穏やかに語りかけるその人は、京王井《い》の頭《かしら》線に乗って、最寄りの駅から一五分ほどの私の勤め先までの道のりを娘さんの手を引きながら、大勢の人の行き交う中、商店街や住宅街を歩いて来てくれていました。

それは、私が大学を出て勤めた社会福祉団体の事業の一つに、全国の在宅重症心身障害児（者）へお誕生日カードを贈るという事業があり、そのカード作りと発送作業をするためでした。その人は長年ボランティアとしていつも笑顔で穏やかに協力し続けてくれていたのです。

一六年前に東京を引き払った私は、岩国に戻ってすぐの頃に一度お会いしただけで、その後はとうとうお会いすることはありませんでした。だから、今年の年賀状には『今年はお会いできますか』と書いたのです……。

届いた便りには、今、その娘さんは関東のある入所施設におられるとも書かれていました。

お母さんの死を誰がどうやって知らせるのでしょうか。

○○さん、あなたを産んで、重度の知的障害のあなたのことを世間に隠すことなく、愛情豊かに、懸命に育ててくれたお母さんが死んじゃったよ。

娘の人生を自分の人生として引き受けたその人生に捧げる言葉が見つかりません。

二月二七日（水）　嗚咽《おえつ》

先日、ある高校の男性教師の教育実践の様子を紹介するテレビ番組を途中からですが、見ることがありました。

画面には、女子高校生たちが一人一羽ずつのニワトリを胸に抱いている様子が映っていました。

その日、彼女たちはこれまで自分たちが一人一羽ずつ、大事に大事に育ててきたニワトリを解体する（捌く）日を迎え、今、その順番を待っているのです。

愛情いっぱいにここまで育ててきたニワトリを自らの手で殺さねばならない彼女らは、目に涙を浮かべ、必死に嗚咽をこらえてニワトリを抱いています。

ある少女の順番が来ました。カメラが下からのアングルで教師と彼女の表情をとらえます。手元は見えません。

教師が彼女の手に刃物を握らせ、そこに自らの手を添えたようです。と、次の瞬間、彼女の表情は崩れ、嗚咽が漏れ、目に涙があふれます。彼女が育てた愛おしいニワトリの命が絶たれました。ニワトリの声は聞こえませんでした。

番組のテーマは『生命の教育』。

私たち人間にとって、命の連鎖は素晴らしい奇跡だけれど、それは私たちが数限りない多くの生き物を屠殺することによってもたらされたものです。その自然の摂理の中で私たちは生きているのです。

だから？　だけど？　生きることは素晴らしい？　自然は素晴らしい？

その命をいつまでも胸に抱いていることは許されないのです。命は命を奪うことで支えられねばならない。私たちはそうした命の連鎖を生きていることを思い知らされていました。

彼女の嗚咽が耳から離れません。

三月一五日（金）　津波避難訓練

山口県が大きな影響を受けると思われる地震は、高知県沖で発生するプレート型地震の南海トラフ巨大地震です。私の手元にある資料によると、それが起こったら山口県東部では岩国市で震度六強、その他の地域で六弱。津波は周南市・柳井市で五メートル。津波到達時間は周南市などで一三〇分。被害想定は死者一〇〇人、全壊棟数四七〇〇棟などと想定されているようです。ですから、ここ周防大島にも地震発生後、おそらく一三〇分から一四〇分後くらいには津波が押し寄せて来るものと思います。

東日本大震災から二年が経とうとする先日、さつき園では初めての津波発生時の避難訓練を通常の火災避難訓練と併せて実施しました。

避難先はさつき園のグループホームである第二やしろホームです。さつき園から七〇〇～八〇〇メートルほどの距離にあり、山に至る途中の丘状の土地に建てられています。

利用者と職員の全員が避難を完了するのにどのくらいの時間がかかるのか。利用者のうち、誰が途中で歩くのが難しくなるのか。避難する際に思わぬ行動をとる人はいないか、などなど職員は注意しながらの避難訓練でした。

利用者全員が第二やしろホームに歩き着くのに約二〇分かかりました。そして、帰り道、何人かは車で戻りました。

そんな避難訓練を実施した日の利用者終礼で、私は利用者にこう伝えました。

「今日はお疲れさんでした。津波が来たらとにかく逃げるんよ。さつき園は第二やしろホームまで逃げます」

「また近いうちに避難訓練をしますから、頑張って歩いてよー」

「ええかね。障害があろうがなかろうが、そんなことは関係ないんじゃ。君らも自分の命は自分で守るんで！　ええか！　誰も助けちゃーくれんからのー」

彼らの置かれているわが国の社会の現実は、彼らにとって生きやすい社会とはとても言えません。

『津波てんでんこ』という言葉があるそうですが、「障害があろうがなかろうが、そんなことは関係ない。君らも自分の命は自分で守るんで！　ええか！　誰も助けちゃーくれんからのー」と無理を承知で言わざるを得ない園長の胸のうちをお察しください。

三月一九日（火）『仰げば尊し』

年度末です。毎年のことながら、季節が冬から春へ移ろうとするこの時期はなんとも忙しいものです。

そんな三月。卒業式の季節ということもあり、また忙しい中にある自分を落ち着かせる意図もあって、私は意識して『仰げば尊し』を歌います。

歌詞は三番までありますが、特に三番の歌詞は苛立つ私の気持ちを静かに落ち着かせてくれるものです。

朝夕馴《なれ》にし学びの窓
蛍の灯《ともしび》積む白雪
忘るる間《ま》ぞなきゆく年月《としつき》
今こそ別れめいざさらば

「蛍の灯積む白雪……」

この歌詞がいいのです。

静かに、しかし芯は強く、どんな環境にあっても学ぶことにおいて真摯であり、ただひたすら自分と向き合い、その信ずる道を歩いていこうとする意志が感じられて、好きなのです。

そして友に対して、これまでの厚情への感謝とこれからのお互いの人生で遭遇するであろう苦難や試練に立ち向かうべく、お互いへの激励を愛情込めて「今こそ別れめいざさらば」と、短く、かつ清々しく告げているのがいい。

忙しさが続き心身ともに疲労してくると、ついつい気が立って、言動が雑になりがちです。感情や動作が直線的、鋭角的になります。たとえば、さつき園の利用者のような人たちに対して、私（たち）は無意識のうちにそういう態度をとってはいないだろうか。

だから、自分の中にそんな兆しを感じた時、私は心の中でこの『仰げば尊し』を歌うのです。

平成二五年度

四月一一日（木）　小さな敬意

たとえば、書類を誰かに届ける、あるいは提出する時、私たちは何に気を付けますか。また、その書類が複数枚だった時は、どうでしょうか。あるいは、その複数枚の大きさがそれぞれまちまちだったら、どうか。

たとえば、お酒の席で、誰かに酒かビールかを注ぐ時、私たちは何に気を付けますか。たとえば、誰かと話をする時、私たちは何に気を付けますか。その誰かが男性でも女性でも、あるいは目上でも目下でも、共通して私たちが気を付けることは何でしょうか。

何気ない日常生活。人と自然に囲まれて生きる私たちの日常の暮らし。その一コマ一コマを大事にして、人と自然に敬意を払って暮らしたいものです。感性とは、人や自然への敬意の表出だと思います。

自然を畏怖し、すべての生きる命に敬意を払うことで学ぶことは多いと痛感しています。福祉もまず、彼や彼女に敬意を払うことから始まるのです。まだまだはびこる「してやる福祉」「施す福祉」。それらは結果として、彼や彼女を蔑視しているおためごかしの自己満足でしかありません。

さりげない小さな敬意を払いながら、さつき園の利用者との日々を学びの日々に出来れば、と思います。

新年度を迎え、過去を省みて心新たにしています。

五月一日（水）　あるお祝いの会で

あるお祝いの会に出席しました。

主催者のあいさつに続いて、お世話になった方々への感謝状の贈呈式があり、そのあとに来賓の祝辞がありました。

知的障害者施設が主催するあるお祝いの会です。出席者には施設の職員に交じって利用者が大勢います。会場内に落ち着きなく座っている彼ら利用者の声や仕草などからの音が響くのは致し方ないことですし、ほかの出席者、来賓の方々もそのことはもちろん承知しています。

ところが、贈呈式のあとのある来賓の祝辞の時のことです。その人が祝辞を読み始めてしばらくすると、会場内が静まり返ったのです。そのことに祝辞を読んでいる当の本人も気が付きました。マイクを通した祝辞を読む声だけが会場内に響きます。

それまで声や仕草が落ち着かなかった利用者も静かに聞いているように感じました。

私はこれまで知的障害者も出席しているいろんな会や式典を経験してきました。そして、彼らの声や仕草などからの音は、その障害ゆえに致し方のないことと思っていました。が、それはそうではないのかもしれないと、今思い始めています。

ある声の質を保ち、思いのたけを真摯な眼差しで、そして噛んで含めるようにして述べる時、それは障害の有無に関わりなく、意味としてではなく、ある熱を持った想いとして、真っ直ぐ相手に伝わるのではないか。

あの日、私はこれまでにない体験をしたのです。

五月一二日（日）　忘れられない発言

私たちは「人間性」「人間らしさ」と言う時、何かしら心温まるものを半ば無意識のうちに想定しています。が、本来、人間性は動物性から派生したものです。人間には動物と違って理性や叡智があるなどと言いますが、人間は人工物ではありません。人間も動物と同じく自然存在なのです。ならば、動物世界を称して『弱肉強食の世界』と言うように、人間性にも動物性にある残虐、残忍なものが内在していても何ら不思議はないでしょう。

だから、私たちは戦争をするのでしょうか。

だから、私たちは人を殺すのでしょうか。

だから、私たちは障害者を虐待するのでしょうか。

このことについて、もっともらしい顔で言辞を弄して、戦争や殺人や虐待を否定したところで、それは何も言っていないことと同じです。そんなことで解放されるものは何もありません。

為すべきことは、戦争についても、殺人についても、虐待についても、動物と同じ自然存在である人間の人間性を、まずその出自たる動物性の視点から見直し、捉え直すことではないでしょうか。

マスコミ報道によると、最近のわが国の政治の世界では日本国憲法を巡って、改憲、護憲、国防軍、集団的自衛権、日米同盟、憲法第九六条、三分の二、過半数、国民投票……等々の単語が、近年になく飛び交っているようです。

日本国憲法の在り方を巡って何かとかまびすしい昨今ですが、この種の議論をテレビやラジオ、新聞などで見聞きする時、私には忘れられないある発言があります。

『私は、人を殺す側より、殺される側を選びます』

数年前の、国防のための軍隊の是非や自衛権や戦争をテーマにしたあるテレビ番組で、論者の一人だった女性の精神科医が言った言葉です。

『私は、人を殺す側より、殺される側を選びます』

彼女のこの覚悟はどこから来るのでしょうか。

そして、果たして、いつの日か人間性は動物性を超えられるでしょうか。

五月二四日（金）①　練習した証拠です

先週、山口県が開催したキラリンピック（障害者のスポーツ競技大会）のフライングディスクの部にさつき園からも利用者七人が参加しました。

せっかく参加するのならしっかり練習しなくては、と参加が決まった利用者は毎日のように昼休み時間を利用して練習をしていました。時には職員のアドバイスなどを受けながら、時にはお互い同士励まし合いながら。

しかし、本番での結果はよく練習していた利用者よりも、さほど練習はしていなかったと思える利用者の方が良い成績で、それぞれの組の銅メダルをいただいて帰って来ました。

ある人に、

「いやー、よく練習しよった利用者よりも、さほど練習もせんかった利用者のほうがええ成績じゃったんですよ。参りましたよ。よく練習していた利用者に何と声をかけたらええもんかと……」

と言ったら、その人曰く、

「古川さん、それはね、そうじゃないんですよ。利用者さんは練習したからこそいい成績が上げられなかったのですよ。さつき園で練習している時にその利用者の人はあれこれ考えるわけですよ。職員さんからもあれこれアドバイスがあって、自分でも頑張っていい成績をとろうと思うわけですよ。そうすると本番ではどうしても緊張してしまうんですね。だからいい結果にならないのです。そうじゃなく、練習なんかさほどしなかった人は何の思いもないから、本番でも緊張なんかしないんですよ」

「なるほど！」

「だから、私たちは頑張ってもっともっと練習するんです。そうして、本番でもいい成績が出せるように技術を磨き、精神も鍛えるんです。そういうことだと思いますよ。利用者さんたちにはまた練習を続けてほしいですね」

なるほど、そういうことなのですね。

車いすバスケットの名選手と言われた人の言葉です。

五月二四日（金）② ホタルの光

昨夜、さつき園での仕事を終えて帰宅しようと、車のところまで行くと、何とホタルが一匹、どこからともなく飛んで来るのが見えました。あっ、ホタルだ……。

ホタル一匹、鮮やかに黄緑色に光りながら緩やかな曲線を描いてこちらへ飛んで来ます。光りながら車の運転席側のサイドバイザーの内側に止まりました。

じっとして見ていると、ふと思い出したように、その黄緑色に点滅する光は今度はボンネットの上を緩やかに曲線を描きながら向こう側へ飛んで行きました。風のない、暗い夜の空間をゆっくりと味わうように、鮮やかに光りながら飛んで行きました。

さつき園のすぐ裏手には屋代川が流れています。ホタルはそこで育

つのでしょうか。

ホタルとの出会いの時はいつもそうですが、魔法をかけられたように日常から非日常の時空間へと誘い込まれるようです。

五月の夜の、予期せぬ瞬間でした。

六月一五日（土）　ほめられる人生

今、さつき園では生活介護事業の利用者にミシンの使い方を教えています。畳んだ白い布を赤い糸で縫って雑巾を作るのです。

利用者の何人かが、その出来上がった雑巾を持って園長室にやって来ます。私は差し出された幾枚もの白い布を見てびっくりです。利用者の飲み込みがいいのか、ミシンの性能がいいのか、はたまた職員の教え方がいいのか、まあどれも立派に縫えているのです。「上手に縫えたねー」と言うと、みんな嬉しそうに笑顔になります。心が熱くなる瞬間です。

と同時に、この人たちは幼い頃から今日まで、誰に、どんなことで、何回ほめられたことだろうかと思います。どんな小さなことでもいい、人からほめられる人生と、何をやっても人から厄介者扱いされる人生と、どちらを生きたいですかなんて、野暮な質問です。

人が人を育てると言いますが、それは裏を返せば人が人をダメにする、ということです。利用者と職員がお互いを大切にし合いながら、周防大島のこの地で、遠くを見つめて心が熱くなる充実の時間を追求します。

六月二九日（土）　臨機応変

昨日、二七名の見学者がありました。予想とは違って、車が何と大型観光バスだったので、急きょ、お隣りの大島中学校に駐車場をお借りしました。

少し離れているグループホームも見学の予定でした。が、道路幅を考えると、乗って来られたバスで行くのは難しいと判断し、作業中でしたが何とかさつき園の一〇人乗りを二台出して、見学希望者を送迎しました。

予想とは違う展開、しかもすぐに対応が要求される状況の時に、私たちはどうするか。何とかしようと知恵を絞って対応するか。「急に言われても出来ない」と断るか。こんな時に、図らずも私たちの日頃の姿勢が出ます。

昨日は見事に対応しました。見学者も満足の様子で、私もほっとしたものです。

しかし、利用者は私たちの上を行っていました。

まだ作業時間中にもかかわらず、見学者が帰る頃になると多くの利用者が玄関先に出てきたのです。

「〇〇さん、まだ休憩時間じゃないでー」「□□さん、今日は月末の大掃除の日じゃろう。戻って掃除をせんにゃー」と私。でも、誰も聞いていません。みんなにこにこして、うれしそうに見学者と話をしているのです。

見学者の見送りですので、私もそれ以上の注意はしません。

「もう帰るんかね」「大島に泊りゃーええのに」「また来てね」

「今日はありがとね。じゃーね。みんな元気でね。さようなら！」

「さようなら！」

あとで職員のぼやくこと。「大掃除なのに、私のところには四人しか残っとらんのじゃけー！」

何とか理屈をつけて作業や掃除を回避しようとする、私たちの上を行く利用者の見事な臨機応変（?）振りでした。

七月三日（水）　実感という情報

高度情報社会と言われて久しい現代。パソコンや携帯端末をネットにつなげばどんな情報も居ながらにして簡単に手に入る、そういう時代です。

しかし、そうして得た情報の大半は発信者の恣意的な情報です。もっと言えば、責任の所在が明確ではない、出どころのはっきりしない危なっかしいものです。私たちは、その情報の正確さや価値の確かさを何によって計ればいいのでしょうか。

そうしたあふれる大量の情報の中から、私たちが信頼できる情報を特定するのは簡単なことではありません。私たちは情報の総体をつかみきれないまま、相手を選ばずに発信される大量の情報に振り回されるばかりです。情報の手触りがすこぶる希薄になっています。

それに反して、生身の人間同士が出会う現実世界で、私たちが得るのが〈実感〉という情報です。ツイッターやフェイスブック、あるいは検索など、様々な携帯端末を巧みに操作して、たとえどんなに多くの情報を得たとしても、私たちが生身の人間と出会って得る実感や、あるいは一寸先の予測がつかないこの現実世界の在りようなど、それらをすくい取ることは出来ません。インターネットからの情報をどんなにたくさん仕入れても、生身の人間同士が出会う現実世界から得る実感には及ばないのです。現実世界を見る、現実世界を自分の肌で、五感や第六感で感じるとは、それほどのことなのです。

パソコンの中の情報は、所詮どこかの誰かが頭で考えたことです。けれど現実世界はそうではありません。私たちは老いも若きも男も女も、お互いの生身を今という時代の風に晒し、懸命に己の命と存在をかけて、日々見えない血を流しながら、見えない戦いを必死に戦って生きている、それが現実世界です。お互い同士がそうした生身を晒して在るからこその、現実世界から得る実感という大切な、愛おしい情報なのです。

現実世界での自分の実感を信頼せずに、いったい私たちはほかの何を信頼するのか？　あふれる情報に翻弄されて、己の実感を手放し、見失ってはいけません。

どんなに多くの福祉に関する、あるいは障害者に関する情報をインターネットから得たとしても、それらは私たちが目の前の生身の利用者一人ひとりから実感として得る、利用者の〈感情〉や〈無意識〉には到底及ばないのです。私たちは実感として得た利用者の〈感情〉や、本人も気づかない〈無意識〉をしっかりと受け止め、現実世界での人間存在の価値として現実世界に提示していかねばなりません。それこそがこの情報爆発の時代、人間個人個人の存在も膨大な情報の中の単なる一つの情報にしか過ぎなくなっている今という時代に生きる、障害者福祉に携わる者の為すべきことと思います。

七月一八日（木）　いずれにしても……

会議などで意見を言ったり質問したり説明したりする時に、「つまり……」とか、「要するに……」とか、「結局……」などという言葉を使って、それまでの内容を一旦整理しようとする人があります。混線しかかっているその時の議論や意見や説明などを分かりやすくまとめようとする人がいます。おそらくそれは善意からなのでしょう。いや、そう思いたい。

ですから、そのことは、まあ我慢するとしましょう。

しかし、会議が盛り上がってきたり、議論が白熱してきた場面で、「いずれにしてもですねー」と結論まがいのことをしたり顔で言い出す人がいます。そのひとことで、それまでの議論の内容や個々の発言の微妙なニュアンスの違いなどが一掃されて、一気に結論にまで持っていかれてしまうことがあります。その場に臨んでいた人たちが時間とエネルギーを費やしてその場に提示した思いや考えが、そのひとことで強制終了されてしまうのです。

どんなに議論がこんがらがっても、どうか『いずれにしても……』とか『どちらにしても……』なんて言って、分かった風な顔をして結論めいたことを言わないでほしい、と思います。自戒も込めて。

議論はある一定の結論を得るためだけにするのではないと思います。そうではない議論もあるのです。何ら結論は得られずとも、議論する過程、議論することそれ自体に意味があり価値もあるのです。

先日も、ある会議で、あるテーマについてあれこれ意見を出し合っていたところに、「いずれにしても、このことは実施するということでいいんじゃないですか」と、議論を終わりにさせられてしまいました。ことを先に進めるために、そう言ってまとめざるを得ないことも理解出来ますが……。

以前から気になっていたのですが、どうも昨今は、議論や協議の内容よりも議論した、あるいは協議したという事実を得るために、会議が仕掛けられていることが多いように思います。

八月一四日（水）　水遣り

昨年までさつき園はお盆の三日間（八月一三、一四、一五日）、通所を休んでいましたが、今年は休まずに通所を実施することにしました。

先週末のことです。お盆の期間中に休みをとる職員から、「園長、ゴーヤの水遣りを忘れずにお願いします」と、園長室の窓の外においてある三つの鉢植えのゴーヤの水遣りを頼まれました。

「おー、了解！」

と返事はしたものの、忘れっぽいので、忘れてはたいへんと『ゴーヤに水』と紙に書いて、よく目に付くように園長室のドアの取っ手近くの壁に貼り出しておきました。

すると、今週月曜日のこと。園長室に入って来た職員諸氏がそれを見つけて、「園長もたいへんですね」とか、「園長、ゴーヤに水ですよ！」とか、「もう水遣り済んだんですか？」などと、朝からそれぞれ激励とも嫌味とも言えない言葉を残して部屋を出て行きます。

でも、その温かい励ましのお陰(?)で、何とか今日も忘れずに水遣りを終えることが出来ました。あと一日、与えられた職務を立派に果たすべく、気合を入れて頑張りたいと思います⁉

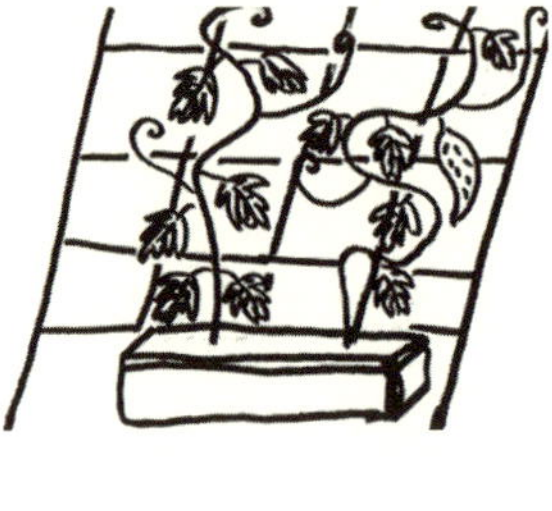

九月八日（日）　情報錯綜‼

今日は九月の第二日曜日。すぐお隣りの大島中学校の運動会の日です。例年同様、さつき園も日曜通所を実施して参加させていただくことになっています。

朝の送迎便が到着すると、いつものように園長室付近の廊下や玄関ロビーで、利用者がテレビや新聞で知った昨日のニュースについて、あれこれ情報の交換を始めました。

ところが、今日は大島中学校の運動会に参加するということで、皆、やや興奮気味の様子です。

突然、「あのねぇ、昨日ねー、野球ねー、日本がアメリカに勝った！　日本が勝ったよ」と、園長室に報告に来る○○さん。

「えー？　日本はアメリカに負けたんじゃないかいのー。途中まで、だいぶ負けとったと思うたがー」と私。

「いーや、日本が勝ったよ！」と言い残して笑顔で園長室を出て行く○○さん。

「へー、それじゃあれから逆転したんじゃのー」と独りつぶやく私。

ところが、廊下に出た○○さんに、□□さんが、「○○さん、勝ったのは巨人よ。巨人が勝ったんよ」と声をかけています。

と、そこに「いいや、日本が勝ったんよ。今度は男子がやるんよ」と、△△さん。

一段と、廊下が騒がしくなります。プロ野球と高校野球（一八歳以下のワールドカップ二次ラウンド）とバレーボール（世界バレーアジア最終予選）が混ざってしまって、もうぐちゃぐちゃです。ワーワー言っています。誰も修正出来ません。

その結果――、どうなったか……⁉

△△さんの「運動会から帰ったら、今日は何やるんかねー」のひとことで、あっさり話題は次に移っていきました。
皆、それまでの自分の主張などさっさと放り投げて、もう次の話題の主導権を取るのに必死です。

そうこうしているうちに約束の時間がきて、職員の引率で全員、大島中学校へ歩いて向かいました。

九月二五日（水）　かんらん

さつき園では毎月、その月生まれの利用者の誕生会（昼食と茶話会）をして、みんなでお祝いします。昼食や茶話会の食べ物や飲み物の内容は、その月の誕生者の希望で決めています。

九月のある日、毎月するように九月生まれの利用者が食堂に集まって、栄養士と誕生会の日の食事と茶話会の内容について相談した時のことです。

（以下、栄養士からの報告の抜粋）
○○さんがにこにこしながら、□□さんや△△さんに話しかけては記録をとってくれました。
□□さんが自分の食べたいものを次々とあげていきました。チキンカツで全員の意見がまとまり、
「次に野菜も食べるといいですね」と◇◇（栄養士）が言うと、□□さんがすぐに「菜っ葉！」

と言われ、〇〇さんが笑い出しました。「何の葉か言わんと」「ほうか。……キャベツ」それを聞いて、何年か前に、□□さんが「かんらん（甘藍）」と言われ、年代の違いを感じたのを思い出しました。今回も「キャベツ」が出たので、よほどキャベツが好きなのだなあと思いました。ケーキは全員がチョコが好きでした。飲み物は〇〇さんが「ミルクティ！」と言われ、選択する飲み物の種類に加えました。……。

私は、栄養士が報告する、こうした毎月の誕生会の時の食事をその月生まれの利用者同士で決める話し合いの記録を読むのを楽しみにしています。

さつき園の九月生まれの利用者は三人。その三人が栄養士を交えて、自分たちの誕生日をみんなにお祝いしてもらう時の食事と茶話会の内容を話し合いました。その報告を読むと、ある利用者は記録の係を買って出たり、ある人は話し合いをリードしたり、またある人は他人を気遣ったりする、そんな様子が目に浮かびます。

「かんらん」とは、キャベツのことだそうです。私は知りませんでした。

一〇月三日（木）　拍手の意味

先日、ピアニスト辻井伸行の演奏を聴きに出かけて来ました。

演奏終了後、すっくと椅子から立ち上がり、左の手をピアノの角に置いて、観客に向かって深々と礼をする彼に、私たちは惜しみない大きな拍手を送ります。とその時、不意に私に素朴な疑問が湧いてきたのです。

いったい、今、私たちは彼の何に対してこんなに大きな拍手を送っているのだろうか……と。

彼の努力に？　彼の才能に？　彼の不屈の精神に？　彼の生き方に？　……？

拍手を送りながらも、私の疑問は消えません。

そしてこんな疑問も浮かんできました。

これは障害者と呼ばれる人の人生の在り方の一つの理想の形なのだろうか……と。

それらの疑問は、あの鳴りやまぬ大きな拍手の中で、空間認識のためでしょうか、彼のしきりに首を左右に傾げる動作と掌をひらひらと振る動作、そして観客とオーケストラに向かって深々と礼をする姿とともに、今も私の心に強く、固く残ります。

一〇月二九日（火）　園長、うかつ

朝晩がめっきり涼しくなってきた先週のことです。

台風が来る前の好天の日。久し振りに、昼の休憩時間に散歩をしようと思い立ちました。日差しもほど良く、風も心地良い昼下がり。数人の利用者に交じって、さつき園の前に広がる田をぐるっと一周するコースです。

私は何も考えずに、ただただ久し振りの散歩を楽しんで園に帰って来たのです。ところが、利用者が怒っています。

「園長さん、あそこは通ってはいけんのんよ！」

「園長、あの道は通ってはいけんって、いつか園長が言うたじゃー」

「園長さん、ダメですよ。あそこは通ってはいけんのですよ！」

もう、たいへん。叱られっぱなしです。

なぜか。

散歩道で、途中にある小屋や立木群が邪魔をして、散歩をしている利用者がさつき園から見えなくなる死角があるのを心配した職員の提案で、相談の上、その道を通ることを禁止していたのです。が、それを私は久し振りの散歩に浮かれて、すっかり忘れていたのです。

園長を真剣に叱る利用者。

「おー、すまんすまん」

叱られながら、しかし私が少しうれしかったのは何故でしょうか。

『園長、うかつ』の一件。お粗末さまでした。

一〇月三〇日（水）　障害者が働く、ということについて

訓練を受け、努力して、あいさつの仕方から始まって、一般企業・事業所で働くために必要と思われる力を付けた障害者なら、すぐにそういった企業などで働けるかと言えば、ことはそう単純ではありません。職場の理解（上司も同僚も）が何より大事であり、必要です。

しかし、そのような職場環境が出来上がるまで待ってはいられない。とすれば、今、そういった一般企業・事業所で働けるだけの力をつけてきた障害者が一般企業・事業所で働く時には、ほかの多くの障害者のために彼らが働ける職場環境作りのための先駆けとなってほしい。そして、広くほかの職場でもそうした受け容れが為されるような職場環境を作るために力を貸してほしい。

その時、たとえば彼らの出身母体である私たち障害者福祉施設や事業所には、付かず離れずの支援が求められよう。そうして、それが点となり、線となり、面となって、社会に広がっていけばと思います。

どんなに障害が重くとも、社会の一員として、社会の人たちに交じって、生き、育ち、学び、そして生活することの出来る社会が理想の社会です。今、障害者福祉施設・事業所の中で過ごす人生があるのは、その日が来るまでの過渡期だから、と考えたいと思います。

障害者が働くということについて考える時、どんな障害者にとっても私たち同様に、働くこと、生きることとの理想は、世間の中、つまり社会の人々に交じって働くこと、そしてそこで生きることだ、としみじみ感じています。そういう社会がおとずれた時、障害者がそういう社会を手に入れた時、初めて、世間あるいは社会が障害者を本心から認めたということが言えるのではないでしょうか。

一一月一一日（月）　目でも食べる

皆さんはタバコを吸われますか。

私はもう一〇年以上も前に止めましたが、タバコをくゆらせる時、その人の精神にとって大事なのは何だろうか、と考えたことがあります。

それは、自分の肺から吐きだした紫煙が目の前の空間を緩やかに漂うさまを目にすることだと思い至りました。その漂う紫煙が見えないような暗がりでは、どんなに上等なタバコを吸っても少しもおいしくはなかったのです。それはそれは空しく、味気ないものでした。

タバコ吸いは口でタバコを吸いながら、目でもタバコを吸っているのです。

食べ物も同じでしょう。

口にする食べ物の色や形を目で確認することで、私たちの精神は食べる前から満たされたり、物足りなかったりするのです。

先日、ある人に暗がりで飴玉をあげました。その人にはその飴玉の形は分かっても、その色はまったく分かりません。すると、その人にとって飴玉の味は不安定極まりないものとなったのです。いったいこれは何の味だろうか……。

食べる物の形や色はその味覚において大事な刺激となります。

タバコは健康に良くありませんので、吐き出した煙が見えようが見えまいが即刻やめるがいいのですが、食べ物はどんな形や色の食物でもとにかく食べればいい、食べてしまえば同じ、というものではありません。

私たちは日頃から「目でも食べる」ということにもっと関心を寄せたいと思います。

さつき園の利用者にとって、食事は大事な楽しみの一つです。早食いで、あっという間に食べてしまう人もいますが、「目でも食べる」という経験をたくさん積んでもらえるように努力、工夫したいと思います。

一一月二三日（土）　障害者虐待の遠因

たとえば、自分の学歴にコンプレックス（劣等感、ひけめ）を持っていると、他人の学歴が気になります。

同じように、自分の育ちや身体にコンプレックスがあると、やたらに他人のそれらが気になります。

そして、それらを気にしすぎると、自分を見失います。

そんなことで自分を見失ってはいけません。

たとえば身体にコンプレックスを感じていたとしても、また、たとえば学歴にコンプレックスを感じていたとしても、

「だから、何？」

と、さらりと受け流すのがよろしい。他人と自分を比較してどうしようというのですか。己を磨いて、他者に貢献すること。そのためには、唯一、己の心を、精神を、社会あるいは他者に向かって解放するすべを獲得することが必要です。

他者はあなたが気にしているほど、あなたのことなど気にしてはいません。うぬぼれてはいけません。いや、だからこそ、私たちは自分に集中出来るのです。

知的障害者は、たとえコンプレックスの原因になりそうなものがあろうがなかろうが、いつも穏やかです。『自分は自分』なのです。それは本来、あるいは生来、他人と自分を比べることをしないからです。知的障害者はコンプレックスなどに躓くことはありません。

「だから、何？」と、コンプレックスはさらりと受け流して、自分に集中しましょう。それが、巡り巡って他者のためにもなるのです。

さつき園に通って来る利用者はそんなことも教えてくれます。

そして、敢えて誤解を恐れずに言えば、おそらく障害者虐待は虐待するその人のコンプレックスへの躓きにも、その遠因があるのではないかと思うのです。

一二月三日（火）　刑務所見学

三〇人ほどが集まった、ある刑務所の見学会に参加しました。

各種の作業場面や建物内のいろいろな部屋や施設を案内していただきました。

その時、私の胸を突いて出てきた思い……。

どうしてここにいるのですか
ここで何をしているのですか
何が今を支えているのですか
これからどうしようとしているのですか
ここを出てどこに行くのですか
ここを出たら幸せになれるのですか

見学会の趣旨とは違うところで、私の命が震えていました。

一二月一〇日（火）　園長との漫才

さつき園の忘年会は、毎年、暮れの一二月二〇日前後の土曜日に、利用者・保護者・職員が参加して、ホテルの会場を貸し切ってゲームやカラオケやクイズなどの出し物が盛りだくさんで、みんなで楽しく、賑々しく開催しています。

昨年の忘年会のあとのある時、〇〇さんがみんなの前で言いました。

「来年は園長さんと漫才がしたいです！」

何年か前までは、「忘年会」ではなく「クリスマス会」と言っていました。

そのクリスマス会では出し物として職員コーラスや職員コントをご披露していました。が、ここ数年はそれもしておりません。コーラスは職員が何を歌うかを考えて、勤務が終わってから作業室で集まれる職員が集まって練習をするのです。ハンドベルの演奏や職員のギターの伴奏付きで歌を歌ったこともありました。そしてコントは毎年、私が筋や職員の役をあれこれ考えて、わずかな時間を利用して練習し、本番を迎えていました。

○○さんはその時のことが懐かしいのでしょうか。

しかし、こともあろうに漫才をしたい、しかも私としたいとは……。

今日も昼の休み時間に園長室にやって来た○○さん。

「園長との漫才はいつ練習するのですか？」と心配そうに言っていました。

「もう少しで台本が出来るから、来週になったらほかのみんなに分からんように練習するけぇな」と私。

「はい、分かりました」と、納得の様子で園長室を出て行く○○さん。

いつもそこそこ忙しい園長ですが、年末は気忙しいのも手伝って、毎年なかなか落ち着きません。今年はそれに輪をかけての忘年会での漫才です。果たして、どんな結果になるでしょうか。○○さんとの練習もそうですが、台本の出来が心配です。

そのさつき園の今年の忘年会は、一二月二一日、来週の土曜日の予定です。本番まであと一

○日余りとなりました……。

一二月一七日（火）　量で質は測れない

たとえば車を運転して、人あるいは荷物をある場所からある場所へ運ぶ、移動させるとします。その時の「量」とは何でしょうか。物理ではこれを「仕事」と言うと記憶します。そして、その時の「質」とは何でしょうか。たとえば、テーブルの上にある数個のみかん。その「量」は見て、数えれば分かります。しかし、その「質」は見ただけでは分かりません。みかんに触って食べて味わうことをしないと、そのみかんの「質」は分かりません。

初めの車の例の場合、その「量」は車の移動距離なり、所要時間で示すことが出来ます。では、その「質」はどうでしょうか。

その「質」は、人の移動なら、乗った人の感想を聞くと分かります。乗り心地とか運転の仕方とかが分かるでしょう。しかし、それだけでは「質」が分かったとは言えません。ほかの場合と比較することが必要です。最初と違う人に乗ってもらい、同じ車で同じ運転者で同じルートを走行してもらう必要があります。あるいは、乗る人は代えずに運転者を代えることも考えられます。比較するには条件のどれかを同じにする必要があります。

量は多くの場合、数字で表すことが出来ます。

しかし、質は数字では表しにくい。進んだ現代科学は一部の質については数値化して、目で見える形にすることを可能にしてはいますが、まだまだ質を量で表わすことはこれからの課題と思われます。私たち障害者福祉の分野で言えば、施設建物の大きさや定員数や開所後何年という年数や展開している事業の多さといった量で、その施設の質を語ることは出来ないのです。どんなにその量が多くても量はあくまでも量でしかなく、それで質を判断することは出来ません。

では、人を相手にする私たち障害者福祉の分野で、質はいったい何で示され、判断されるのでしょうか。

そこでは、質は福祉を利用する利用者の実感でしか示されません。質はあくまでその利用者の実感によります。そして、複数の利用者の実感を比較して、初めて質を測ることが出来ることになります。

利用者の実感。たとえばその施設の質はその施設の利用者の表情、動作、声、言葉の選び方などに表れます。施設の面積や定員といった規模や、開所後の年数や事業の数などの量では質は分かりません。

利用者には、その施設を利用することで自分の人生のＱＯＬがいかに向上するか、豊かになるかだけが問題なのです。

質はあくまでも利用者の実感という主観で示されるものです。私たち障害者福祉に携わる者は、利用者の実感という主観に響く支援を心掛け、それを目指すことが要請され、期待されています。それに応えるためには、私たちこそが外部の情報を取り込む自らの受信機である感性を磨くほかありません。どんなに専門知識や関係する情報などをたくさん吸収し、ため込んでみても、それは量にしか過ぎません。量で質は測れない。

質は、私たちの意識、無意識にかかわらず表出する感性の豊かさで示されるものです。私たちの表情、動作、声、言葉の選び方などに、私たちの意思、意欲、姿勢、そして障害者福祉への構えが表れます。

量で質は測れないのです。量で福祉の質が測れるくらいなら、こんな苦労はしないのです。

一月一日（水）　年頭所感　―福祉の将来への投資―

謹んで新年のごあいさつを申し上げます

昭和二六年措置制度→平成一五年支援費制度→平成一八年障害者自立支援法→平成二五年障害者総合支援法施行。制度や法が変わっても、国の台所は依然火の車です。政権が元に戻り、経済にやや勢いがつきそうな気配があるものの、介護保険制度のあと追いをさせられている障害者福祉は今もなお、「出ずるを制する」制度・政策に苦しんでいます。

すべてはカネか。ならば、私たちは将来に向けてカネのかからぬ投資をしよう。若い世代への福祉教育にこの国の福祉の将来をかけましょう。学校教育で少年少女に障害者福祉の現場をしっかり体験させよう。

知らないことで差別や偏見は生まれます。差別と偏見の連鎖はどこかで断ち切らねばなりません。将来を担う若者に福祉の現場を、障害者の命を、その身で実感してもらおう。

私たちは若い世代の柔らかな感性に期待しつつ、利用者の明るさや元気の良さは利用者のさつき園への想いの表れと信じて、目まぐるしく変わる法や制度に振り回されない福祉現場を作り上げるべく、今年も頑張ります。

一月七日（火）　アグリッパの木炭デッサン

この年末年始にかけて、訳あってある探し物をしました。それは四五年前、私が描いた一枚の木炭デッサン。

その思い出。

四五年前、私は大学浪人でした。

ひょんなことから、同じように大学浪人していた友人たちと絵を習おうということになって、卒業した高校で美術を教えておられた先生に週に一回か、月に二回か、今となっては記憶も定かではありませんが、デッサンを習いに行っていたことがあります。

向かうのは新聞の一面より少し大きめの画用紙です。

木炭デッサンで、対象はアグリッパ（古代ローマの軍人・政治家）の面取りの石膏像。何せ、美術や音楽などとはとんと縁のない育ちでしたので、初歩からの習いでした。木炭で描いた線は、場合によっては食パンを使って消したりもするということも、私には新鮮な驚きのうちでした。

ある日の、私のデッサン（?）を見た先生の言葉。今でもはっきり耳に残っています。

「古川君。絵は、暗と明で描くのです。そこに輪郭線を引いてはいけません。それが基本です。そしてよく見なさい。このアグリッパの目は丸くないですよ。対象物を素直にしっかり見ることが大事です。先入観を持って見てはいけません。このアグリッパの目は丸くないですよ」

衝撃でした。

大学浪人し始めで、少々浮ついて時を過ごしていた時、仲間と興味半分で習い始めたデッサン。頭をガツンとやられたと思いました。今でも忘れることはありません。

ものは暗と明で見る。そこに輪郭線を引くな。対象を見るとき、先入観を持つな。思えば、それは障害者福祉と同じか……。

若き日に挑んだアグリッパの面取りの石膏像のデッサン。私がこれまでの人生で描いた、唯一の、たった一枚の木炭デッサン。

四五年の時を経て、今、なお私に鮮烈です。

一月一五日（水）　利用者のひとこと

その一
「昼からは何の作業をするんかねー？」と聞いた私への、〇〇さんのひとこと。
「なってみにゃ、分からんです！」
「おー、そりゃーそうじゃのぉー」と私。納得です。

その二
昨年末、お父さんを亡くした□□さんが園長室をのぞいて言ったひとこと。
「うちのお父さんも生きとるうちはひどかったけど、死んだらさみしい！」
咄嗟のことで、慰める言葉が出て来ませんでした。

一月二四日（金）　実感！　高齢社会‼

昨日今日、所用で四国松山市に出かけて来ました。

柳井港からフェリーで三津浜港へ行き、バスと路面電車を乗り継いで会場のホテルに向かいます。何年か振りでバス、路面電車に乗りました。

そこで、行きの昨日はそうも思わなかったことですが、帰りの今日、しみじみと思ったことがあります。それは、バスも路面電車も乗客の大半はお年寄りだ、ということです。皆さん、どんな用事があるのでしょうか。通院？　お買い物？　食事？　……？

乗っている時、たった一回だけでしたが、会話が聞こえました。

「どこに行くの？」「知り合いのお見舞いよぉ」

そしてもう一つ感じたこと。それは乗客にお年寄りが多いからという理由だけでもないでしょうが、バスも路面電車も、運転士のアナウンスの語りがやさしいことです。会社で決められた車内アナウンスのマニュアル通りにアナウンスしているのかもしれませんが、その言い方には、その運転士さんの気持ちが出るものと思います。行きも帰りも、四人それぞれのアナウンスは聞いていて何とも良い心持ちがしたものです。

「はい、よろしいですか？　それでは発車しまーす。ドア、閉まりまーす」

「はい、ゆっくりでいいですよー」

お年寄りに話しかけるようなアナウンスが流れる車内は、誰も会話はしませんが、和やかな空気が流れます。

それにしても、日中のバスや路面電車を利用するお年寄りの多いことよ。恐らくそれは松山市に限ったことではないと思います。時代ですね。まさしく「高齢社会」です。

時にはバスや路面電車にも乗って、社会の変化を肌で感じないとまずいな、と思ったことでした。

乗車口の床が低くなっていて、お年寄りや子どもや障害のある人たちが乗りやすいように工夫されている低床バスや路面電車。社会は少しずつ少しずつだけれど、誰にとっても暮らしやすいように工夫され、改善されている……。

毎日、移動手段としては車しか利用しない身には、思わぬことを感じさせられ、考えさせられた松山行きでした。

しかし、さつき園に戻ってきた私は、『バスや路面電車の改善に限らず、そういった暮らしの工夫や改善が、この周防大島の地で実践実現されるのはいつのことやら。早くしないと、それらを利用する当のお年寄りが誰もいなくなってしまうぞ』と、心の中で嘆くことしきりです。

二月六日（木）　雪が降りよるよ！

天気予報が当たりました。

朝の利用者の送迎便が園に戻って来る九時半過ぎくらいから、山口県大島郡周防大島町大字西屋代二五九五－一のさつき園にも雪が本格的に降り始めました。

降り始めは、「すぐやむだろう」と高をくくっていた私ですが、〇〇さんが園長室のドアを開けるなり、

「雪が降りよるよ！」

と報告しに来たのにつられて玄関まで出てみたら、何と園の前に広がる田がすでにうっすら

白くなり始めていたのには驚きました。

「ありゃー、しっかり降っちょるのー」と言う私に、すかさず○○さんがニンマリとした顔で言います。

「明日、休み？　さつき園休み？」

「いや、まだ分からんなぁ！」

周りにいた利用者の視線が私に集まります。気が付かない振りをして園長室に戻ります。

お昼休みの時間。今度は□□さんが入って来ました。

「園長さん、雪が降ってますよ。今日、帰り、大丈夫かね？」

「大丈夫じゃろうと思うよ」と私。

「明日は、どうですか？　坂道、大丈夫かね？」
□□さんは、私の家が坂道を上った所にあることを知っているのです。真剣な顔で心配してくれています。
「うん。ありがとう。大丈夫じゃろうてー」

周防大島としては久し振りの大雪(?)に、利用者も少し興奮気味です。さつき園は帰りの送迎便の配車を変更したりなどして、安全第一で対応しました。

午後、町内での会合に車で出かけようとした私でしたが、フロントガラスに積もった雪を落とすのにひと苦労でした。それくらい、この辺りにしてはよく降った今日の雪です。

明日の天気は？　果たして、明日、さつき園は休園になるのでしょうか？

二月一二日（水）「出来るか、出来ないか」と「するか、しないか」

私たちは障害者支援におけるアセスメントの際に、身体機能としてその人が何が「出来るか、出来ないか」を確認します。

しかし、それが実際の生活場面で、つまり生活実態としてその「出来ること」を確かに「していないか」、あるいは「出来ないこと」は「していないか」については、その目で実際を確認することは稀です。

家族の方は、「この人は自分で出来るんですけど時間がかかるので、私がやった方が早いので私がやってしまっています」などと言われます。

いや、そうではなくて、本人が出来るのならどんなに時間がかかっても、本人にさせたいと思うのですが、現実生活ではやはり時間が気になってしまうのでしょうね。

障害者支援も高齢者介護も、現実生活の場面では時間に追われてしまっていて、本人主体の時間を保障するなどというのんきなことは言っておられないのでしょう。そして、それは福祉施設でも同じではないでしょうか。いや、病院などの医療現場でもそれは同じかもしれません。

私たちは、障害者福祉の現場にいますが、どこまで障害者一人ひとりに彼らに固有の時間を保障しているかを、今一度問い直すことをしなければ、と思います。

今からでもそうしないと、カネ目だけを念頭に置いた、形だけ、上辺だけの福祉あるいは支援、介護に堕してしまいそうです。

効率や能力を大事にしたり優先したりするなどとはまったく別の価値を現実生活の中に、この世界に構築しなければ、障害者支援、高齢者介護はそれを受ける人にとっては己の満足とはほど遠い、悲惨なものになるばかりです。

高齢者福祉、高齢者介護に関心を寄せながら、障害者福祉を振り返ってみると、構図は同じだったのです。その人の「出来ること」を「すること」につなげることは、私たちの大きな課題の一つです。

三月五日（水）　模範解答は要らない

先月下旬、ある団体のお世話で、県内の社会福祉事業を行っている各種別の代表者が出席する懇談会が開かれました。私も私の所属する団体を代表して出席して来ました。

そこで、各種別の代表者が国への要望事項について順番に発言、説明させていただきました。

要望事項は事前に提出していましたので、それぞれの要望に対する国からの回答が日を置かず、主催者から各団体に届けられました。

要望事項

普通学校教育に障害者福祉現場での体験学習の時間を、中学・高校の教育課程に障害者福祉現場での体験学習の時間を組み込んでいただきたい。この時期に彼らが直に障害者と触れ合う体験は、次代を担う彼らから差別意識や偏見をなくし、時間はかかるけれども、着実に広く社会に浸透し、差別や偏見のない障害者理解につながるものと思います。知らないことが差別や偏見を生むのです。

国からの回答

一、中学校・高等学校の学習指導要領においては、例えば、特別活動における学校行事について、「……その実施に当たっては、幼児、高齢者、障害のある人々などとの触れ合い、事前体験や社会体験などの体験活動を充実するとともに、体験活動を通して気付いたことなどを振り返り、まとめたり、発表し合ったりするなどの活動を充実するよう工夫すること。」と規定されており、実際に社会福祉施設等での体験活動を通じて、生徒の社会性が醸成された事例についても承知している。

二、体験活動を通じて、障害者を含め、社会で共に生きる多様な人々と触れ合うことは、生徒の豊かな人間性や社会性を育む上で極めて有意義であり、引き続き、学習指導要領に基づいた学校における体験活動のより充実した展開を推進してまいりたい。

これは、私の所属する団体からの国への要望事項の中の一つと、それに対する国からの回答です。国からの回答は、要約すれば『要望事項にあるようなことはすでにやっています。言われていることは大事なことだから、これからもちゃんとやっていきます』ということだと理解しました。

しかし、今の学校教育の現場は国の回答にあるような状況である、との実感が残念ながら私にはありません。

果たして、全国の小中高の学校長は、学校教師はこのことへの問題意識を持っているだろうか。果たして、全国の社会福祉施設・事業所の施設長は、施設職員はこのことへの問題意識を持っているだろうか。目先のことに良い結果を出さねばと汲汲としてはいないだろうか。たとえば受験。たとえば就職。そして、たとえば経営。

教育は何のためにあるか。教育は明日の命のため、明日の命を支えるためにある。福祉は何のためにあるか。福祉は今日の命のため、今日の命を支えるためにある。教育と福祉とがお互いがお互いを包括し合えば、差別や偏見の連鎖はなくなる。

こんな模範解答なんかではなく、どうしてこうした要望事項が出されるのかを国は謙虚に受け止め、この要望に関する教育現場、福祉現場の実態を今一度、ペーパーによる調査などでお茶を濁すのではなく、足を運んで、その目で、その身で確認していただきたいと、心底思います。

こんな模範解答でその場をやり過ごしていたのでは、障害者に対する差別や偏見は消えません。福祉を推進するためには教育の力が必要なのです。

三月二九日（土）　幸福の黄色いひよこ

例年、三月にはお隣りの大島中学校の一年生がさつき園で福祉体験活動をしてくれます。今年も、今月中旬の三日間、一年生三〇名がさつき園で利用者と一緒に作業に取り組み、一緒の時間を過ごしました。

その事前学習として、これももう例年のことになっていますが、中学校では福祉体験活動の二週間ほど前に、私が彼らにさつき園のことや知的障害者のことについてお話をする授業時間を設けてくださっています。

彼らに障害者についていろんなことを考え感じてほしい私は、出来るだけ具体的に話をすることを心掛けます。その時彼らに話した、さつき園の利用者と職員に関するいくつかのエピソードの中の一つをご紹介します。

さつき園の利用者で手指に麻痺があり、うまく粘土を小さい玉に丸めることが難しい人がいます。陶芸班のその利用者は長年、陶芸作業に一生懸命に取り組んでいます。ある時、職員がさつき園の陶芸商品の一つであるミニ土鈴《どれい》作りで、そのミニ土鈴の中に入れる小さな玉を粘土を丸めて作ってみようか、と誘ってみました。しかし、麻痺があるためにうまく丸めることが

出来ません。

　けれど、あれこれ考えた末に職員は、まん丸くはなく、幅が一センチメートルほどの小さいその玉を黄色に塗って、小さく目を二つ入れて、『幸福の黄色いひよこ』と名づけてさつき園の商品にしたのです。

　職員の工夫で、その手指に麻痺のある利用者もちゃんとさつき園の商品を作ることが出来たのです。それが障害者を支えるということなのです……。

　昨日、その福祉体験活動に参加した生徒諸君の感想文が中学校から届きました。

　校長先生のお礼のお手紙には「しあわせの黄色いひよこの誕生秘話に、人をそのまま受け入れる温かい思いや豊かな発想も学ぶことができました」と書かれてありました。

　生徒諸君の感想にも、「ミニ土鈴を幸せのヒヨコにすることを思いつき、どんどん活性化していることにすごいなあと思いました」「園長が見せてくれたカワイイ幸せの黄色いヒヨコは、あんな物語でこれができたんだーと思った」「職員さんの頭の柔らかさがすごいと思いました。理由は……幸せを呼ぶヒヨコで球じゃないからこの人はだめと決めつけるのではなく、目をつけてヒヨコにするっていうので思いました。障害があるからできないと思い込むのではなく、どうしたらいいかを考えることで、障害者の人権を守ることが大切だと思います」

　さつき園のお隣りに中学校があることが、どんなにさつき園を元気づけていることか。どんなに勇気づけていることか。福祉と教育、お互いがやるべきことはまだまだたくさんあるのです。

平成二六年度

四月二三日（水）　矛盾の体現　―最近思うこと―

私たちは一人では生きていけません。だから私たちは社会という集団をつくり、その中で生き、そこで生活しています。そして私たちは自分自身が意識する意識しないにかかわらず、他者に認められる「個」を求め、それを実現するために行動しています。

しかし、私たちが「個」の実現を優先させれば、時と場合によっては私たちの属する集団の利害とぶつかり、有形無形の圧力や抵抗を受け、それらに抗することとなり、極端な場合にはその集団からの離脱を覚悟せざるを得なくなるかもしれません。反対に、私たちが集団への帰属意識を優先させれば、集団は私たちに限りなくどこまでも自己犠牲を強いてくるかもしれません。その時、「個」の実現は遥かに遠いものとなっていくことでしょう。

「もの」と「情報」のあふれる現代という時代に生きて、そういう「個」と集団の関係の中で、「個」としての自分の精神の居場所を求めて、今、人は皆苦悶し、さまよっているように思われます。

そこには、たとえばあの無料通話アプリのＬＩＮＥ（ライン）でつながっている擬似集団から本心では抜けたいと思っているのにどうしても抜けられずに、ずるずるとその集団に帰属することを選んでしまう子どもたちの置かれた状況に近いものを感じます。

相手からのメールを読んだらすぐにでも返事を返さないとトラブルになりかねない、という緊張関係を作り上げて維持形成されている擬似集団。そこから何とか抜けたいと思っているけれど、抜けられない「個」……。

そこには「個」の実現を阻害する集団に自ら帰属してしまっているという矛盾が体現されています。

また、たとえばフェイスブックへの逃避。

「個」と集団の関係で言えば、自分を「個」として認めてくれる誰かとつながっていたいのだけれど、できるだけ生身の他者とは接触したくない。生身の他者とは接触したくないけれど、しかし誰かとつながっているという安心感は持ちたい。たとえそれがいかに型どおりではあっても、とにかく「いいね！」などというお返しが届いたり、それなりの反応があれば、それで自分の存在を認めてくれている他者がいるという安心感が持て、自分を保てる……。ＬＩＮＥやフェイスブックはそういったとりあえずの安心感をもたらし、自己を支えてくれる、大事なツールというわけです。

しかし、私たちの「個」が自立し、私たちが「個」を実現するためには、自らは傷つかずに済むツールの中の擬似集団、疑似社会ではなく、生身の他者とぶつかる社会という集団に自分の生身を晒さねばならないのです。

文化文明が、社会が、そして科学技術が発展し、成熟し、進歩すればするほど、「個」の自立、「個」の実現は困難さを増していくようです。

五月一一日（日）　老犬ハナのこと

わが家の飼い犬ハナは今、一七歳六ヶ月です。目は見えず、耳もほとんど聞こえません。足の力も弱く、一週間ほど前まではエサと水の時だけは何とか自分の足で立っていましたが、今はそれも出来ません。当然、歩を進めることは難しい状態です。お腹には大きな出来物が出来ており、医師からは、「手術は全身麻酔になり体力がもたないだろうから、しないほうがいい」と言われています。もう医療の出番ではないのです。あとは出来るだけの世話をするだけです。

この冬はわが家の玄関に入れていました。暖かくなってきたので、今は庭先に出していますが、一日の大半をじっと丸まって寝ています。

ハナは、私がさつき園に勤め始めて半年経った頃の平成九年二月のある日、（私にしてみれば突然に）わが家にやって来ました。生後間もなくのことと記憶しています。無類の犬好きの家人は前々から飼いたいと思っていたようですが、私が犬が苦手ですので長く遠慮していたようです。

そんなハナは、しかし、家人にとって大事な恩人となりました。（いや、恩犬か!?）

ハナは体調が安定しない家人に一七年に及ぶ毎日の散歩で、知らず知らずのうちにリハビリを施してくれたのです。毎日、毎日、欠かすことなく、ハナは家人の良き相棒として、団地の内外を散歩してきました。そのお陰もあって、家人は日常生活での健康を維持してくることが出来たものと感謝しています。

いたずらにほかの犬などに吠えることもなく、家人によれば、散歩の途中でご近所の方との立ち話が長くなっても、じっとお座りの姿勢で待っていたというのです。

休日に私が散歩に連れて歩いていると、「あー、ハナちゃん。今日はお父さんと散歩ですかぁー」とよく声をかけられました。団地の皆さん、ハナのことはよく知っていただいていま す。家人との毎日の散歩のお陰でハナは団地内では子どもから大人まで知り人が多く、有名らしいのです。

この一七年半の間、家人とハナをそばで見てきて思うことは、人間も犬も変わらない、ということです。たとえ相手が犬であろうが、いや犬だからこそ余計にそうかもしれませんが、こちらが心を込めて付き合うと、そこにはおのずと信頼関係が生まれるものなのでしょう。

命はお金やものや法律や制度などが支えるのではなく、血の通ったもの同士がお互いに愛情を注ぎ合い、愛情を受け取り合って、支え合うものなのです。

命は命が支えるのだなあ、としみじみ感じさせられ、教えられています。

ハナは人間でいうと何歳くらいでしょうか？　私はハナの長生きにつながるようなことは何もしてこなかったけれど、よくぞここまで生きてくれたと感謝しています。果たしてこの五月を乗り切ることが出来るかどうか。家人は心配しながらも、元気だった頃と同じように当たり前に話しかけては、下の世話やエサ遣り、水遣りをしています。

五月二二日（木）　確認、そしてまた確認

今日、さつき園保護者会の総会がさつき園で開かれました。と言っても、出席者は毎月の保護者会に出席されるメンバーとさほどの変わりはないのですが。

一〇時から一一時三〇分まで、前年度の事業報告と決算、今年度の事業計画案と予算案の審議が行われ、併せて今年度は任期二年の役員の改選期ですので一部役員の改選もありました。新たに新会長も決まり、若干の役員の若返りも図られました。

午後は、通常の保護者会の時と同じように作業のお手伝いをお願いしました。その際、出席された保護者（主にお母さん方）の荷物はいつも園長室で預かることにしています。

今日も応接用のソファーの上にお母さん方のカバンや荷物類が置かれていました。

さて、私が机を背にしてパソコンに向かっていると、園長室のドアが開いたような気配がします。が、いつもなら皆さん必ず「失礼します！」の声をかけて入って来られるのに、その声がありません。

どうしたのかな?と振り返ると、そこには置かれた一つのカバンの中をのぞきこんでいる○○さんがいたのです。

言葉を発することの苦手な○○さん。一つのカバンに手を突っ込んで、中身を真剣に確認し

ているようです。私は思わず声をかけそうになった自分を抑えて、じっと見ていました。すると、○○さんは中身を確認して満足したのか、その場から離れて園長室を出て行こうとしました。が、ドアの寸前でまた振り返ってカバンに戻り、中身を確認し始めたのです。どうやら、中身の配置も気になるのか、あれこれいろいろ位置を変えているようにも見えます。そして、また安心したように少し笑顔を見せて、カバンから離れ、ドアに近づきます。が、また寸前でカバンに戻ります。

そんなことを五回ほど繰り返した○○さん。それを私はじっと見ていました。けれど、○○さんは一切私のほうを見ることはありませんでした。カバンの中身に集中していたのです。そのカバンはお母さんのカバンです。私はそれが分かっていましたので、敢えて黙って見ていました。

納得して、部屋を出て行こうとしてまた戻り、中身を確認して納得して部屋を出て行こうとして、また戻り……。最後に満足そうな表情で部屋を出て行った○○さんの笑顔を見て、やっと私も安心です。

○○さんのほかにも、いろいろに違った場面で独特のこだわりを示す利用者が何人もいます。私たちがいつも気持ちに余裕を持ってそのこだわりを受け容れることが出来るかどうか。「そんなくだらんこだわりはするな！」などと、こちらの価値観を押しつけてしまうことはないか。試されているのは、常に私たちなのです。あなたは本気で障害者のことを考えているのか、と。

そして、それは障害者と二人きりの、ほかに誰もいない一対一になった場面で試されているのです。

七月一日（火）　臨床医のさつき園見学

県のある機関からの依頼で、臨床医師研修（地域保健）の一環としてさつき園の見学を承諾していたところ、先日、若い研修医二名（二〇代後半と三〇代前半）と担当者二名とが見学のために来所された。

四人に園内を案内して、利用者がそれぞれの作業をしているところをていねいに見学していただいた。

一通り見学してもらって、園長室に戻って感想を聞くと、二人とも「面白かった」とのこと。障害者施設・事業所の見学は初めてとのことだったので、さつき園や知的障害者福祉の現状や課題について、私の感想などを交えながらお話をさせていただいた。二人の研修医がどこまでそれらに関心を寄せているのか、あるいは関心を寄せようとしているのか分かりかねたが、どうか、将来、障害者福祉を医療の立場から真剣に考える医師になってほしいものだ、と話をしながら思い願っていた。

二人とも外科医を目指しているとのこと。たとえば一〇年後、彼らはどんな医師になっているのだろうか。先進医療に取り組んでいるのか、あるいは地域医療に取り組んでいるのか、果たしてどんな医師になっているのか。

障害者福祉は、医療と教育との連携が将来に渡って保障されないと障害者本人にとってその質は決して良いものにはならない。医療と教育がその場凌ぎの対応しかしなければ、福祉は形だけの、空しいものになる。生まれてまず出会う医療がその子の将来を見通した医療を提供し、学齢期になって出会う教育もまたその子の将来を見通した教育、支援を提供すると、卒業後に出会う福祉は充実した質の高いものとなる。

今は、医療も教育も中途半端にしか関わらないので、最後の福祉現場ではそれらのつけ回しに対応することが精いっぱいで、為すべきこと、したいこと、期待されていることが出来ずにいる。

医療と教育と福祉。この三つの中で一番歴史の浅いのが福祉だ。だから、社会の認知度、関心度が他の二つに比べて極端に低い。歴史の浅い福祉は携わる私たちの努力でその質を補うほか、今のところ良い手立てはない。

研修医が早い時期にさつき園のような障害福祉サービス事業所などの障害者施設を見学し、課題や問題点を見聞きし、実際に利用者たちと触れ合い、自身の実感を持つことが最も大事だと思う。机の上だけの、病院内だけの、研究や議論や検討会では、個々の障害者の声は聞こえない。

一人前の医師となって何科を選択しようと、その体験は必ず生きると信じる。

そのためには、見学を受け容れる私たちが日頃からの障害者福祉への思いを真剣に、熱心に、医療の世界にいる彼らに語らねばならない。取って付けたような、その場凌ぎの、お座なりの受け容れでごまかすようなことがあってはならないのだ。

七月一〇日（木）　山口県重症心身障害児（者）を守る会平成二六年度定期総会出席

皆さんは重症心身障害児（者）と呼ばれている人たちをご存知でしょうか。

その人たちの保護者を中心とした県内組織である山口県重症心身障害児（者）を守る会の平成二六年度定期総会に、先月末の日曜日、出席して来ました。主催者あいさつ、来賓祝辞などの式の後、『重症児（者）と私』と題したある医師の講演がありました。

およそ三〇年間、県内の国立病院（現国立病院機構）の重症児病棟の医師としてその医療に携わって来て、来年定年を迎えるというその人は、自らのその三〇年間のことをいつか話す機会があれば、と常々思っていたとのことでした。

彼女はまず、およそ三〇年前、最初に出会った重症児の印象から話し始めます……。

高い柵に囲まれたベッドに横たわり、座り、立ち上がる子どもたち。それはまるで檻の中にいるようだった。医者として何が出来るのかと、悩みの日々だった。しかしそんな日々にあっても病棟行事の運動会は彼らの競争心や生きる意欲をかきたてるものだと知った。人工呼吸器や気管切開を施された子どもたち。二〇一五年には平均年齢が四五歳になる。今や気管切開の人が多く、それが当たり前になってきている。これでいいのだろうかと疑問がわく。入院されているお子さんの状態とご家族の思い。それらを十分理解して下したはずの医療人としての決断。けれどもあの決断で良かったのだろうか、と今も悩み、悔やんでいることがある。

私には三人の尊敬する人がいる。小林提樹先生（医師・故人）。糸賀一雄氏（教育者・故人）。そして北浦雅子氏（母親）。

小林提樹先生曰く、「悲しむものとともに悲しみ、喜ぶものとともに喜ぶ」。

糸賀一雄氏曰く、「この子らを世の光に」（決して「この子らに世の光を」ではない）。

北浦雅子氏曰く、「今流すこの涙は自分のことを悲しむ涙だ。泣いてばかりいてもこの子は良くはならない」。

二〇〇三年五月に打ち上げられ、二〇一〇年六月に地球に帰還したあの小惑星探査機はやぶさの「あきらめない」「投げ出さない」「見捨てない」が信条……。

「先生、辞めないでください。これからもよろしくお願いします」
会場の参加者から声がかかります。この医師と親ごさんたちとの日頃の様子が伝わってきます。

私は、現在は社会福祉法人さつき会の主に知的障害者を支援する障害福祉サービス事業所さつき園で園長として働いていますが、前職はこの山口県重症心身障害児（者）を守る会など各都道府県重症心身障害児（者）を守る会の上部組織・統括組織である社会福祉法人全国重症心身障害児（者）を守る会に勤務していました。その間、講演でも紹介された小林先生に長くお世話になり、何より北浦さん（現社会福祉法人全国重症心身障害児（者）を守る会名誉理事長）にお世話になっておりました（残念ながら糸賀氏とは面識がないままでした）。

そこで私はこのお二人を始めとする多くの方々から、重症児（者）福祉・障害者福祉のあるべき姿を、社会福祉のあるべき姿を、そしてそこに携わる者としての進むべき道を学び、教えられたのです。

各都道府県守る会の定期総会ではその開会に先立ち、守る会の基本理念（三原則）と親の憲章（親の心得）を参加者全員で必ず唱和します。

守る会の基本理念（三原則）

一、決して争ってはいけない。争いの中に弱いものの生きる場はない。
一、親個人がいかなる主義主張があっても、重症児運動に参加するものは党派を超えること。
一、最も弱いものをひとりももれなく守る。

親の憲章（親の心得）

〈生き方〉

一、重症児をはじめ、弱い人をみんなで守りましょう。

一、限りなき愛をもちつづけ、ともに生きましょう。

一、障害のある子どもをかくすことなく、わずかな成長をも喜び、親自身の心をみがき、健康で豊かな明るい人生をおくりましょう。

〈親のつとめ〉

一、親が健康で若いときは、子どもとともに障害を克服し、親子の愛のきずなを深めましょう。

一、わが子の心配だけでなく、病弱や老齢になった親には暖かい思いやりをもち、励まし合う親となりましょう。

一、この子の兄弟姉妹には、親がこの子のいのちを尊しとして育てた生き方を誇りとして生きるようにしましょう。

〈施設や地域社会とのつながり〉

一、施設は子どもの人生を豊かにするために存在するものです。施設の職員や地域社会の人びととは、互いに立場を尊重し手をとり合って子どもを守りましょう。

一、もの言えぬ子どもに代わって、正しい意見の言える親になりましょう。

〈親の運動〉

一、親もボランティア精神を忘れず、子どもに代わって奉仕する心と行動を起こしましょう。

一、親の運動に積極的に参加しましょう。親の運動は主義や党派に左右されず、純粋に子どもの生命の尊さを守っていきましょう。

医療・福祉に携わり、関係者としてこの日初めてその会に参加したという人は「唱和することが出来ませんでした……」と、静かに話されていました。

来年に退職を控えた医師の、医療人として重症児（者）医療に携わって来たおよそ三〇年を振り返った講演は、医療と福祉とその立場こそ違え、私に社会運動としての障害者福祉のこれからも続く遥かな長い長い道のりを改めて自覚させ、「三原則」と「親の心得」は、そこに込めた親の悲しさ、怒り、辛さ、悔しさ、厳しさ、屈辱、そして喜びと希望、覚悟と気概を、改めて私に知らしめたものとなりました。

「三原則、親の心得を唱和することが出来ませんでした……」と話してくださった、初めてこの会に参加した人のその胸のうちにも、障害の子を授かり、懸命に育ててきた親ごさんに対する敬意や畏れが、深く、静かに、そして重く宿っていたのでしょうか。

あとがき

平成一七年（二〇〇五年）七月、さつき園のホームページを開設した際に、職員の勧めもあって、わたしは同時にその中に『園長室』と名づけたブログを立ち上げました。

しかし、いったい誰とつながっているのか。いったい誰が読んでくれているのか。以来、そうした何とももどかしい思いや不安を抱きながらも、わたしはさつき園に通って来る利用者（知的障害者）との日々を、それ以前の重症心身障害児（者）との日々を、そして折々の心にわき起こったさまざまな思いを、その『園長室』に書き綴ってきました。

それはわたしの思いと実感を、誰とも知れない〈あなた〉に届けたい一心からでした。

この九年一ヶ月（平成一七年七月から平成二六年七月まで）の間に、見出しの数は五四四編を数えました。このたび思うところがあって、その中の二三三編を一冊にまとめた次第です。

わたしの中には、

『障害は障害のある本人の問題ではなく、自らを健常者と呼んではばからないわたしたちの問題なのだ』

『さつき園の利用者はわたしだったかもしれない』

という思いが強くあります。

そんなわたしは、

『園長さんいつもにこにこしてますか』と気遣ってくれる利用者に励まされ、諭され、そして教えられながら、さつき園での日々を送っています。利用者の素直なやわらかな優しさがわたしを支えてくれているのです。

本書でご紹介をさせていただいた方々、本書の出版にあたり快くご相談に応じていただいた方々、出版にご同意ご支援いただいた皆様、また絶えずわたしを支えていただいた〈あなた〉、今、この本を手にとってお読みくださった〈あなた〉。そして、これまでお世話になったすべてのみなさま、誠にありがとうございます。心から厚くお礼と感謝を申し上げます。これからもどうぞよろしくお願いいたします。

おわりに、「未来への意志」と題した拙い詩を掲げて、わたしの意志表示とさせていただきます。

古川英希

未来への意志

あなたの小さく上げたおとがいに　未来への意志が宿り
あなたの遠くを見る眼差しに　わたしは曠野を行く

こころあたたかきものは　こころやわらかきもの

言葉は　量よりも質と知れ
この世界では　量は質を語れない
だから
質は未来への意志で示す

関係があうんの中にあるとき
関係は鋭く硬い意志となって
果てなき未来へ向かう

あなたが倒れれば　わたしがその意志を負うて歩く
わたしが倒れれば　あなたがわたしの意志を負うて歩け
関係を生きるとは　そういうことだ

あなたよ　その小さく上げたおとがいを　下ろすな

〈了〉

さつき園

1　事業概要：昭和六二年四月、知的障害者の通所授産施設として開所。平成二四年四月、障害者総合支援法（当時は障害者自立支援法）における障害福祉サービス事業所に移行。主に知的障害者を対象とした通所作業所で、生活介護事業と就労継続支援B型事業を行っている。定員は二事業合わせて五二名。他に障害者対象のグループホームを三ヵ所運営している。

2　所在地：山口県大島郡周防大島町大字西屋代二五九五番地一

3　運営主体：社会福祉法人さつき会

4　個人情報の取り扱い等に関する苦情申出窓口：社会福祉法人さつき会さつき園

連絡先：さつき園　電話　〇八二〇－七四－三三五六

本書でご紹介する方々についてはその人権に配慮し、匿名性を確保するために、たとえば「〇〇さん」とか「□□さん」などと表記させていただきました。また、文体の統一は敢えていたしておりません。その時々の思いや考えを文章化する際のわたしの感情の在りようの違いが文体の違いとなって表れたもの、とご理解いただければと思います。

二〇一四年（平成二六年）一一月二五日

◉プロフィール

古川英希（ふるかわ　ひでのぶ）

一九五〇年（昭和二五年）九月二五日生（福岡県瀬高町／現みやま市）
一九六九年（昭和四四年）三月　高水学園高水高等学校卒（山口県岩国市）
一九七四年（昭和四九年）三月　法政大学文学部日本文学科卒
一九七五年（昭和五〇年）四月　社会福祉法人全国重症心身障害児（者）を守る会事務局（東京都）
一九八二年（昭和五七年）六月　すみれ学習塾（広島市）
一九八五年（昭和六〇年）三月　社会福祉法人全国重症心身障害児（者）を守る会事務局（東京都）
一九八八年（昭和六三年）四月　社会福祉法人全国重症心身障害児（者）を守る会事務局長
一九九六年（平成八年）　九月　社会福祉法人さつき会さつき園事務長（山口県周防大島町）
二〇〇一年（平成一三年）二月　社会福祉法人さつき会さつき園園長
平成二四年五月より財団法人山口県知的障害者福祉協会会長兼任
（平成二五年四月より一般財団法人に移行）

現在に至る

本書を読まれたご感想・ご意見を下記までお寄せいただければ幸いです。
yuushi443furukawa@yahoo.co.jp

園長さん いつもにこにこしてますか
—利用者のその声に支えられて、障害者福祉の明日をひらく—

2015年3月7日　第1刷発行

著　者　古川英希《ふるかわひでのぶ》

イラスト　有志@443

発行者　太田宏司郎

発行所　株式会社パレード
大阪本社　〒530-0043　大阪府大阪市北区天満2-7-12
TEL 06-6351-0740　FAX 06-6356-8129
東京支社　〒150-0021　東京都渋谷区恵比寿西1-19-6-6F
TEL 03-5456-9677　FAX 03-5456-9678
http://books.parade.co.jp

発売所　株式会社星雲社
〒112-0012　東京都文京区大塚3-21-10
TEL 03-3947-1021　FAX 03-3947-1617

装　幀　藤山めぐみ（PARADE Inc.）

印刷所　創栄図書印刷株式会社

ISBN 978-4-434-20019-9　C0095